LA
DESCRIPTION GEO-
GRAPHIQVE DES PROVINCES
& villes plus fameuses de l'Inde Orientale, meurs, loix, & coustumes des habitans d'icelles, mesmement de ce qui est soubz la domination du grand Cham Empereur des Tartares.

*Par Marc Paule gentilhomme Venetien,
Et nouuellement reduict en
vulgaire François.*

A PARIS,

Pour Estienne Groulleau, demourant en la rue neuue Nostre dame, à l'image sainct Iehan Baptiste.

1556.

AVEC PRIVILEGE DV ROY.

SOMMAIRE DV PRIVILEGE
du Roy.

Par grace & priuilege du Roy a esté permis à Vincent Sertenas marchāt Libraire de la ville de Paris faire Imprimer, distribuer, & mettre en vente le present liure de Marc Paule gentilhomme Venetien, ensemble celluy de Loys Vartoman patricien Romain, iusques au temps & terme de six ans, à cōpter du iour qu'ilz serōt paracheuez d'imprimer, auec expresses inhibitions & defenses à tous autres Libraires & Imprimeurs, & sur les peines y contenues de non iceulx Imprimer, vendre, ne distribuer pendant ledit temps, sans l'expres vouloir & consentement dudit Sertenas. A voulu en outre qu'en mettāt par icelluy Sertenas, ou l'Imprimeur ayant charge de luy, en brief le contenu es lettres du present priuilege au commencement ou à la fin desdictz liures, qu'icelles lettres soyent tenues pour suffisammēt signifiées, & venues à la cognoissance de tous. Lesdictes lettres données à Paris le deuxiesme iour de Decembre, Mil cinq cens cinquantecinq.

Signées Par le Conseil.   De Courlay.

A ADRIAN DE LAVNAY SEIgneur de sainct Germain le Vieil, Viconte de sainct Siluain, Notaire & Secretaire du Roy F. G. L. S.

ENCORES n'ay Ie pas mis en oubly la promesse que Vous feis de la traduction presente, lors que si auát entrasmes en propos, sur les choses admirables du pays de Tartarie, mesmement qu'il vous sembloit incroyable, ce que Munster descriuant en sa cosmographie la prouince de Mangi, disoit qu'en la ville de Quinsai, entre autres singularitez y auoit douze mil pontz de pierre si hault esleuez que soubz iceulx passoient facilement grans nauires leurs mastz dressez a voiles tendues & desployées. A quoy vous feis response qu'il n'en parloit que soubz l'asseurance de Marc Paule Venetien, qui ainsi long temps auparauát l'auoit descript, pour l'auoir veu, & demouré sur le lieu plusieurs années estant bien receu & fauorisé du grád Cham Empereur des Tartares, soubz laquelle faueur continuee par dixsept ans entiers, il auoit eu le moien de recongnoistre grande partie des regions & prouinces orientales, ensemble les meurs & coustumes des habitans, natures & proprietéz des bestes, qualité & condition de la terre, & autres choses memorables q́ luy mesmes asseuroit auoir curieusemét recherchees & descouuertes pour nous en faire

EPISTRE.

participans. Ce qui vous cauſa vne affection bien grande (encores que la langue Latine vous ſoit aſſez congneue) de veoir reduict en noſtre vulgaire François ce qu'en auoit deſcrit icelluy M. Paule, affin que par ſa lecture voſtre eſperit deſireux, & affectioné en la congnoiſſance de telles choſes fuſt aucunement raſſaſié, comme auſsi par raiſon la vraye ſource donne plus de cōtentement que les ruiſſeaux qui en deriuent: & de faict vous tournant vers moy, donnaſtes aſſez a congnoiſtre le deſir qu'auiez de m'en faire entreprendre la charge. Laquelle ie receuz de vous auſsi affectueuſement, comme i'aurois bien le vouloir en pluſgrande choſe m'employer: & touteſfois premier que vous en faire ſi promptement la promeſſe, ie deuois eſprouuer mes forces, & conſiderer que noſtre langue Frāçoiſe eſt pour le iourdhuy ſi ſuperbemét illuſtrée & enrichie par tant de nobles eſperitz, que le mien foible & imbecille n'y pourroit non ſeulement attaindre, mais en approcher: encores craindrois beaucoup par ceſte peu aduiſée entrepriſe leur auoir oſté l'occaſion & moien d'y mettre la main, & d'en encourir blaſme, n'eſtoit que le bon vouloir que i'ay de faire choſe qui vous ſoit agreable me faict croyre que facilement ilz excuſeront & mon inſuffiſance, & mes affaires qui n'ont permis d'y pouuoir vacquer ſi exactament & auec telle diligéce que l'œuure le requiert. I'auray en oultre a reſpondre a la cenſure de pluſieurs nouueaulx eſperitz curieux de termes innouez ou empruntez

EPISTRE.

des langues eſtrangeres, pour rendre la noſtre plus fertile & copieuſe, qui me taxeront d'auoir vſé de lanjgaige trop vulgaire & triuial: meſmes de n'auoir obſerué l'orthographe des modernes. Ce que de propos deliberé i'ay voulu faire: me voulãt pluſtoſt accommoder a la cõmune vſance de parler & eſcrire, pour a tous indifferemment ſatiffaire: qu'a telles nouuelles traditions & curieuſes ceremonies qui ne peuuent donner contentement ſinon a ceulx a qui elles plaiſent. Non que ie vueille blaſmer leur inuention, que pluſtoſt ie l'eſtime digne de louange immortelle, cõme choſe qui redonde grandement a la decoration de la langue Françoiſe. Or en aduienne ce qui pourra aduenir: car ce me ſera aſſez, ſi ce peu de mon labeur vous eſt agreable, & me ſert en voſtre endroict pour acquict de ma foy & promeſſe. De Paris ce xviii. iour d'Aouſt 1556.

INTER VTRVMQVE.

PREFACE AV LECTEVR
par F. G. L.

Ombien que ce monde habitable & tout ce qu'il contient soit bien peu de chose, si on le confere à l'immensité des corps celestes, Toutesfois en l'vn & l'autre le grand spectacle de nature comme en vne table visue nous est amplement representé auec argumēt certain de l'excellence du grand ouurier, lequel voulant fauoriser sa creature n'a riens obmis en son ouurage qui ne soit plain de maiesté, dignité, & amplitude. Car en quelque endroict qu'on puisse tourner les yeux, ou diuertir l'esperit, se presentent tousiours choses nouuelles plaines d'admiration auec certaine vicissitude reciproque pour empescher que l'homme ne se puisse ennuyer, desgouster, ou rassasier du plaisir qu'il en peult tirer. Ne voit on point chacun iour changement d'estoilles & planettes? l'vne vient à naistre, l'autre s'esuanoyr: les iours & les nuictz sont par saisons diuersifiez, le chault & le froid ont par diuers temps diuers effectz, les années se renouuellent en telle varieté, qu'impossible est faire comparaison ou iugement de l'vne à l'autre. Les pays, regiōs, & prouinces sont en telle difference les vnes des autres, soit pour la qualité & nature de la terre, meurs & cōditions des habitans, especes, & figures des bestes, disposition ou temperature de l'air, qu'allant d'vn lieu à autre, tousiours choses nouuelles & estranges se presentent. Et neantmoins par la brutalité ou ignorance des hommes peu de gens se treuuent qui soyent rauiz en admiration de telz effectz de nature, aussi

PREFACE.

bien peu ont cognoissance de la sublimité & puissance souueraine du Createur, duquel telles merueilles procedent. Encores que pour guerir ceste maladie leur soyent par prouidence diuine proposées (cõme medicine singuliere) les disciplines mathematiques par le moyen desquelles il est loysible à l'homme nõ seullement vaguer & cheminer en esperit & cogitation par tous les endroictz du ciel (chose auparauãt à luy impossible) mais aussi tournoyer & circuyr des yeux toute la circonference de la terre, & amplitude des mers, en sorte qu'il ne reste lieu qui ne luy soit ouuert & accessible. Ce qui a esté cause que pour auoir cognoissance des choses admirables de ce monde, aucuns se sont adonnez auec vng labeur infatigable à la lecture des autheurs qui en ont descript, veoir & entendre la Cosmographie, & la practique d'icelle sur les chartes & globes geometriques, ou figures chorographiques, dont ilz ont tiré quelque contentement à leur esperit. Les autres adioustãs plus de foy à la viue voix, ont trop mieux aymé s'en enquerir aux estrangers & ceulx qui auoient faict longues peregrinations, pour apprendre d'eulx ce que occulairement ilz auoient veu & descouuert, que par les liures esquelz le plussouuent on entremesle auec la verité plusieurs choses fabuleuses. Mais encores y en a eu d'autres, ausquelz ne la lecture des liures, ne le rapport des estrangers n'ont esté suffisans pour estaindre leur soif, que plustost l'augmentoyent. Tellement que faisans peu de compte de laisser & abandonner leur pays, leurs parens, femmes, enfans, voire vn lieu de repos & tranquilité (qui sont de grandes cõsiderations à vn homme de sain iugement) se sont bien voulux soubzmettre à infiniz perilz & dangers, non seulement de leurs biens, mais de leur propre vie, pour

PREFACE.

descouurir & veoir à l'œil, ce dont l'absence plustost que l'ignorance passionnoient leurs esperits, iugeans telles entreprises (que plusieurs estiment actes d'hommes insensez) estre non seulement louables, mais necessaires à l'homme, & à eulx sur toutes choses soubhaitables. O diuins esperitz & de courage inuincible, qu'on peult à bon droict estimer seulz dignes de se attribuer & referer la vraye & naifue noblesse, que nature a conferée à l'homme, pour se vendiquer (comme vn droict hereditaire des premiers parēs) la domination sur la terre & sur les mers, faisans reluyre en eulx ceste primitiue vertu des anciens, qui pour auoir faict longues peregrinatiōs, descouuert & reduict à culture plusieurs terres au parauant inhabitees, voire pour moindre occasion ont esté appellez dieux: à descrire la louãge desquelz tant de nobles esperitz se sont empeschez, mesmes ce grād poëte Homere en son Odissee, leur attribue la puissance d'enclorre & enfermer les vents dedans des sacz ou peaulx de bouc pour les mener auec eulx & en disposer à leur plaisir. Combien faict il grād & admirable le nauire appellé Argo, auquel il attribue non seulemēt des aisles pour voller & passer par tout, mais auoir ame, vie, & parler. Il le descript prōpt & habile à se mouuoir, tourner, virer, aduācer, reculer, arrester: brief se iouer cōme vn daulphin sur les grās flotz de la plaine mer: & au regard de ceux qui estoiēt dedās, les appelle heroïques & demydieux, ce qu'il faict en la faueur & louāge de leur entreprise & nauigation. Aussi à la verité on ne peult iustemēt denyer la grāde puissance conferée à l'hōme pour cōmander à nature: car par ferremēs & oustilz il peult cōtraindre & forcer la terre, mōtaignes & rochers, par ponts & batteaux les grans fleuues & riuieres, par nauires & galleres les

grandes

PREFACE.

grandes mers plaines de tēpestes & orages, & par disposition de voiles reduyre en seruitude les vents, mesmes à prēdre en la face du ciel le cours de son chemin maritime, chose admirable cōbien nature s'assubiectist & rend obeïssante aux loix de l'hōme. A ceste cause à mon iugemēt ceulx la doiuēt estre estimez saiges & auoir grande cōgnoissance des secretz de nature, qui ont esté autheurs par leurs voyages & nauigations de cercher & descouurir nouuelles terres, regiōs & prouinces cōme puisnagueres en ont esté descouuertes tant en terre ferme que isles aux anciens incongneues, autāt ou plus que mōte nostre Europe. Encores auriōs nous plus grāde certitude & experience des regions Orientales, si de tous ceulx qui en ont entrepris le voyage le retour eust esté heureux & à sauueté: mais aux viateurs se presentent en tant de diuers pays & prouinces infiniz perilz & dāgers: car ou ilz tōbent es mains des volleurs, brigās, pirates & coursaires, ou de quelques gens cruelz & inhumains, qui les tuent, ou reduysent en perpetuelle seruitude, sinon rencōtrent mers tēpestueuses, grās desertz arides & sablōneux qu'il leur cōuient passer, esquelz on ne trouue à peine de l'herbe pour les bestes, des eaues infectes & mortiferes dont à faulte de meilleure leur cōuient boire, challeurs ou froidures intollerables, persecutiōs de bestes sauuages & cruelles, & autres innumerables perilz, en sorte que bien peu nous ont esté rēduz sains & sauues, de tāt de curieux explorateurs qui sont partiz d'Europe pour descouurir l'Asie. Et si aucuns en sont retournez, ilz ont esté si affoibliz & exanimez de tāt de labeurs & trauaulx par eulx soufferts qu'ilz n'ont tenu cōpte de rediger par escript ce qu'ilz ont veu & descouuert, ou si quelque chose en ont descript, ce a esté en leur langage vulgaire

b

EPISTRE.

pour congratuler à leurs concitoiens comme ont fait Loys Vartoman Bolognois, Marc Paule Venetien, & quelques autres Italiens & Espagnolz, des œuures desquelz à peine aurions congnoissance si aucuns notables personnages ne nous les eussent reduitz & cōmuniquez en la langue Latine. Encores ie soubhaiterois que M. Paule eust rencōtré vn meilleur interprete, ou que luymesmes eust descript son voiage en Latin, veu qu'il entendoit fort bien la langue Latine (cōme en quelque endroit il le declaire) Car on ne trouueroit pas en son liure tant de termes estrāges & barbares qui ne sont ne ne Latins ne Grecz, mais innouez à plaisir, & m'ont quelques fois arresté tout court, en cōtinuāt la traductiō presente, en quoy ie priray le lecteur bening m'excuser s'il en rencontre quelques vns peu intelligibles. Cestuy M. Paule estoit filz de Nicolas Paule noble citoien de Venise, lequel ayāt tournoyé grande partie de l'Orient auec vn sien frere Mathieu Paule par le temps de trois ou quatre ans, s'en retourna à Venise ou il trouua son filz M. Paule desia grant & bien instruict aux lettres humaines, lequel il emmena auec luy en son secōd voiage aux Indes, & le presenta au grāt Cham Cublai lors Empereur des Tartares qui le receut humainement, & le retint à sa court, ou il demoura en son seruice l'espace de dixsept ans estant employé en grans affaires & cōmissions en diuers pays & prouinces de l'obeïssance du grād Cham, aumoyen dequoy a eu la cōmodité de veoir & descouurir de grandes choses & admirables, que par la lecture de ses liures on pourra plus amplement congnoistre.

INTER VTRVMQVE.

TABLE DES CHOSES LES PLVS DIgnes de memoire, contenues en ce present liure. La lettre a denote le premier costé du fueillet, b denote le second.

A

ABraiamin, enchanteurs de poissons. 104.a
Achalechmangi. 66.b
Aden prouince ou presche S. Thomas 117.a
Adoration des Tartares. 54.b
Admirable quantité de Soyes. 51.a
Adultere defendu en Tartarie. 34.b
Aigles priuées. 55.b
Aiz de bois au lieu de tocsains. 89.a
Ambre en abondâce en l'isle de Madaigascar, prins des balaines. 114.a
Amu prouince abondante en bestail, cheuaux, bœufz, buffles, &c. 78.b
An de l'empire de Cublay 43.a
Anges noirs, & diables blans 108.b
Antropophages 100.b
Arbre du Soleil 16.b
Arbres plantez pres les vns des autres pour adresse des chemins 62.a
Arbres portans soye 113.a
Archeuesché de Scoira 114.a
Argon roy des Indes 6.b
Argons 39.b
Armenie la grande 8.b
Armenie mineur 8.a
Armures des Tartares 35.a
Astrologues 28.b
Astuce des pirates de Gozurath 112.b

B

BAiam Chinsam capitaine 86.b
Bains naturels 15.b
Balasces ou balays, pierres precieuses 20.b
Bangala prouince abõdante en soyes, cotton, & espicerie 77.b
Barlza roy de Tartarie 1.b
Barach roy de Perse 1.b
Bataille du roy Mien contre lesTartares 75.b
Baudouin empereur de Cõstantinople 1.a
Bestail viuant de poissons au lieu de fourrages 120.a
Bestes & oyseaux estranges 110.b
Beufz bossuz tous blancs 13.a
Beufz en reuerence 110.a
Bochare cité de Perse 1.b
Bonne ruse des Tartares 96.b
Breuuage de ris 62.b
Brius fleuue ou lon trouue de l'or en ses arenes 70.b
Bruslement de plat pays 98.a
Buffles priuez 38.b
Bularguci, conseruateur des oyseaux de proye esgarez 57.b
Byrces 101.b

C

CAcausu abondant en soyes 80.a
Caciamordim lieu des tentes & pauillons du grand Cham 57.b
Caigni 86.b
Calacie 39.a
Caliphe euesque des Sarrazins riche auaricieux deffaict par son auarice 10.a.b
Cambalu ville du grand Cham 44.a
Caniclu 69.b
Caraiam prouince 70.b
Caromoran fleuue grand 65.a

b ij

TABLE.

Caromoran riuiere fertile 81.a
Cautelle de marchands pour chasser les bestes sauuages 67.b
Cédres des trespassez gardees en Toloman 79.a
Cerfz priuez 37.b
Chasse aux lyons 79.b
Chasse du grand Cham de bestes appriuoisees côtre les sauuages de leurs especes & nature 55.b
Chasteau de l'Empereur porté par elephans 45.a
Chatz ayans face humaine 119.a
Cheuaux blans en estime 54.a
Chemin d'Aden en Alexādrie 119.a
Cheuaux de Caraiam 72.b
Cheuaux & asnes de Perse chers & excellens 12.a
Cheuaux non ferrez 21.a
Chiens aussi grans qu'asnes 69.a
Chiens seruās à tirer charettes 121.b
Chinchis premier roy des Tartares 32.a
Chose admirable de braceletz 95.b
Chose merueilleuse de volleurs enchanteurs 13.b
Chrestiens, Sarrazins, & Iuifs marquez 117.a
Ciamba 98.a
Ciandu chasteau de plaisance sumptueux, edifié par le grād Empereur Cublai 40.b
Cianfu excellente ville en draps d'or & de soye 65.a
Ciangli ville 80.b
Ciangui 81.a
Ciangian 91.b
Ciartiam abōdant en pierreries 25.b
Cigingui 86.b
Cinq cens femmes du roy de Maabar 105.a
Clemensu ville de Tartarie 5.a
Cloche sonnant au soir pour ne sortir hors les maisons 50.b
Clou de girofle 69.b
Commencement de l'annee des Tartares 53.a
Concha 91.b
Conigangui ville ou se fait le sel artificiel 83.b
Conseruateur des choses esgarees 57.b
Conuent de moines idolatres 42.a 86.b
Cordages de pauillons faits de soye 58.a
Cordes de roseaux plus fortes que celles de chanure 86.a
Corgangui 81.a
Cormose ville riche 14.a
Couleur noire la plus belle 108.a
Coustume cruelle & inhumaine 97.b
Coustume de dedier les filles aux idoles 105.a
Coustume detestable & cruelle 72.b
Coustume d'inscrire aux portes les noms du maistre & de sa famille 90.b
Coustume estrange de mariage 25.a
Coustume impudique 70.a
Cottā fertile en vignes & vers à soye 24.b
Cruelles funerailles 102.b
Cruelle superstitiō des Tartares, qui tuent tous les hommes & cheuaux qu'ilz recontrent quand ilz portent leur roy en terre, auec les meilleurs cheuaux de son escuyrie 34.a
Cublai dit le grand Cham, empereur des Tartares 2.b
Cugni 91.b
Cuirs excellens 113.a
Cynocephales 102.b

TABLE.

D

DE n'aller de nuict sans lumiere 50.b
Dens chaussees de lames d'or 73.a
Description de la forme & stature de l'Empereur Cublai, & de ses femmes & concubines 48.a
Description de licornes 100.a
Description de la ville de Cambalu 50.a
Desert de Belor 23.a
Desert de Lop 26.a
Desert d'Ezine 31.b
Desert inhabité 16.a
Destroicts du Bosphore de Thrace 1.a
Discord entre moines 42.b
Diuision des deux Indes 117.a
Doubte sur la religion 3.a
Douze barôs deputez pour les requestes d'impetrations d'offices 55.b
Douze barons gouuerneurs en Tartarie 60.a
Douze faulbours alentour de Cambalu 50.b
Douze mille ponts de pierre en la ville de Quinzai 88.a
Drap qui se blanchist au feu 29.b
Draps d'escorce d'arbres au pays de Sinulgu 79.a
Droict d'aubeine en Cormose 14.a
Dueil des femmes vesues 15.a

E

Eaues chaudes 9.a
Eaues dangereuses 16.a
Elephans du grand Cham 54.a
Encens blanc 119.b
Enchanteurs 33.a
Enfans adoptez 82.a
Engins pour iecter grosses pierres 85.a
En la ville de Cambalu ne se fait iamais sepulture, mais hors les faulbourgs 51.a
Enseigne de faueur 47.b
Entreprinse du voyage de Nicolas & Matthieu Paules 1.a
Escuyers seruans au grand Cham la bouche couuerte d'vn lige, de peur d'halener la viande 52.b
Estrãge cermonie en sepulture 28.a
Estrenes des Tartares 54.a
Euesque par force circuncis 118.a
Excellence & ordre des bãquetz & festins du grand Cham 52.a
Excellens pons de pierre 92.a
Excuse de l'auteur 93.a

F

Façon d'assoir idoles 30.b
Facfur roy de Mangi pacifique 81.b
Facfur royaume ou croist le camphre exquis 102.a
Farine tirée des arbres 102.b
Faulconnerie du grand Cham 56.b
Femmes laides & difformes 116.a
Femmes publiques pour les estrangers 51.a
Fiel de serpent medicinal 72.a
Filles prostituées au parauãt qu'estre mariées 68.a
Fontaine d'huille 9.a
Forestz de poyuriers au royaume de Coylum 110.a
Forestz de sandaulx rouges 114.b
Forme de contracter 73.b
Forme de faire le sel de terre en la cité de Cauglu 80.a
Forme de faire funerailles 27.a
Forme de faire la tuthie 16.a
Forme de monnoye 71.a
Forme de sacrifice 41.a 42.a
Forme des nauires des Indes 94.a
Forme estrange de chasser 56.a

TABLE.

Forme estrãge de faire obsequés 89.b
Forme de trouuer les perles orientales 104.a
Fourrures exquises 121.a
Fugui 91.b. 92.b & 93.a

G
Gadderi bestes portãs musc 69.a
Gardes du grand Cham 5.b
Geoguy ville ou on fait draps d'or, de soye & de linge excellens 63.b
Gengui 91.b
Gens adorãs la premiere chose qu'ilz rencontrent 100.a
Gens antropophages 91.b
Gens qui se tuét en l'hóneur de leurs idoles par grace & permission du Roy 106.a
Gens viuans de chair crue 71.a
Gens viuans bestialement 122.a
Gersaulx 38.a
Giraffes 116.a.118.b
Gogacal ambassadeur 3.a
Gogatim niepce du grand Cham 6.b
Gog & Magog 40.a
Glacia port d'Armenie 5.a
Crand nombre de pauures nourriz aux despens du grand Cham 62.a
Grues de cinq especes 40.a

H
Haraz du grand Cham. 41.a
Harengue de Prestean. 65.a
Harengue du grand Cham aux Chrestiés & la defense qu'il fist aux Iuifz & Sarrazins 47.a
Herbe pour faire teincture d'endice 110.b
Heresie pour ne se lauer deux fois le iour 106.b
Histoire de Darius 64.a
Hommes ayans queues 102.b
Hommes faisans la gesine 73.b
Hommes painctz en Cangigu 78.a
Hommes sauuages 102.b
Horiach peuple iouyssant de priuilege royal 41.b
Hospitalité admirable & isame 28.b
Honneur a la terre 106.a
Huit royaumes en l'isle de Iaua 99.b

I
Iaci ville capitale de la prouince de Caraiam 71.a
Ianli, c'est le lieu de la poste 60.b
Iaua isle fertile en espiceries 98.a
Idolatrie 73.a
Idolatrie abominable 27.a
Idoles des Zipangrois 97.a
Illusions de malings esperitz 26.a
Incantations de naures 114.a
Inquisitió diabolique sur l'euenemét d'vne maladie 74.a
Iour de la naissance du grand Cham Cublai 53.a
Isle de Petam 99.a
Isle des hommes seulz 113.b
Isle feminine 113.b
Isle gouuernée par magistratz 114.b
Iustice de larrós & meurdriers 106.b
Iustice des Tartares 37.a

L
La belle plaine 14.a
La cité de Crerman abondante en pierres precieuses, nommées Turquoises, en armureries, & en lictz, mattelatz & orilliers 12.b
Lac ne produysant poisson qu'en Caresme 9.b
Lac ou on trouue des perles 69.b
La feste des blancs, & commécement de l'année des Tartares est au commencement de Feurier 54.a
Laict de iument breuuage des Tartares 35.b
La pierre lazule 40.a
La prouice de Mangi diuisee en neuf

TABLE.

royaumes 89.b
Le beuf adoré pour dieu 105.a
Le fleuue de Puhfachniz. 63.a
Les habitans de la ville de Vnchiam vfent d'or au poix en traffique de marchandife. 73.a
Le tribut de Quinfay vault au grand Cham huit cens mil efcuz 90.b
Louange de l'ifle de Seylam 103.a
Lyons cruelz. 79.a
Lion priué couchant aux piedz du grand Cham en recongnoiffance de feigneurie 55.a
Lyons rayez 55.b

M

Maabar prouince abondante en perles 103.b
Maifons des Tartares 35.a
Maifon de Cannes & rofeaux liée & fouftenue de cordes de foye 40.b
Magiciens 41.b
Mangala roy de Quenquinafu 65.b
Mangi 81.b
Maniere d'aller en pofte 61.a
Maniere de prendre les ferpens 72.a
Maniere de viure des Abraiamins 109.b
Mariages de preftres idolatres 30.b
Mariages entre les deffuncts 36.a
Mariages inceftueux 34.b. 111.a
Mariage fans auarice 39.a
Marchans auares 23.a
Martres foubelines cheres en Tartarie 58.a
Mauuais traictement de malades 101.b
Meneftriers iouans de haulbois quãd l'Empereur prend fa couppe pour boire 52.b
Mer Euxine 1.a
Merueilleufe fineffe & malheureufe d'un tyran 17.a.b. & 18.a.b

Mines d'azur & d'argent 21.a
Miracle aduenu en l'eglife Sainct Thomas 108.a
Miracle d'vne columne fouftenant le temple, laquelle maintenãt eft fouftenue en lair, ayant la bafe de deffoubz oftee. 24.a.b.
Moines idolatres 22.a. 30.b
Moiffons en Mars 15.a
Monguth grand Cham 28.b
Monnoye de coural 65.a
Monnoye faicte de fel 70.b
Monnoye defcorce de meurier 59.a
Montaigne d'Alchai fepulture des rois Tartares 34.a
Montaignes au royaume de Murfil ou lon trouue diamants 109.a
Montaignes de fel 20.a
Montaigne fort haulte 22.b
Montaigne royalle 49.b
Montaigne transferee de lieu en autre par miracle 11.a.b.
Mort de Chinchis 33.b
Moutons grans au royaume de Murfil 109.b
Moutons grands comme afnes 13.b
Moutons fans aureilles 120.a
Mufc fingulier 38.b

N

Naiam & Caidu nepueux du grand Cham Cublai rebelles 43.b. 44.a.b
Natagai dieu des Tartares 120.b 35.b
Nauires fans fer ne cloux 14.b
Naufrage des Tartares 95.b
Necuram ifle peuplée d'arbres de fan daulx 102.b
Nefcordim capitaine des Tartares 75.a
Noix Indiques 101.a

TABLE.

Nouuelle maniere de mort   46.a

O

Oiseau appellé Ruc, ayāt les plumes longues de six toises, & grosses à l'auenant : & le corps pareillement   115.a.b
Oiseaux de diuerses couleurs, nommez Sincolines   13.a
Oisiueté mere de vice   8.a
Or trouué es arenes des fleuues   71.b
Ours priuez   99.a

P

Pain biscuit faict de poissons secz   120.a
Pays bien peuplé   66.a
Pays fort sec & aride   19.a
Palais couuert d'or   94.b
Palays de Quinsai   90.a
Palays & lieu de plaisance de la ville de Cambalu   48.b. 49.a.b
Palays publics pour faire festes   88.b
Patriarche Iacelich   10.a
Pauillon de l'Empereur   58.a
Peim prouince abondante en iaspes & calsidoines   25.a
Perles rouges   94.b
Permutation d'or à l'argent   76.b
Phaisans   39.a
Pianfu abondante en soyes   64.a
Pierres precieuses en abondance en l'isle de Seilam   103.a
Pierres seruās pour chauffage au lieu de bois   62.b
Pieté du roy Facfur   82.a
Pillage soubz couuerture superstitieuse   111.b
Pirates de mer en grand nombre au royume de Melibar   112.a
Plaine fertile   22.b
Poissons sechez au soleil   120.a
Pont magnifique   63.a
Porcs espics dangereux estans chassez   20.a
Port de Zartem   93.a
Postes à pied   61.a
Postes exempts de tribut   61.b
Poulles ayans poil au lieu de plumes   92.b
Poulles & Austruches fort grandes   119.a
Presage aduenu   83.a
Presets des vassaulx du grād Cham, pour recongnoissance de seigneur   53.b
Presents du grand Cham à ses barons & courtisans   53.a
Presteian   39.b
Prieres de tous les subiectz du grand Cham à leurs dieux pour la prosperité d'iceluy   53.b
Prostitution de filles par les meres   68.b
Prouince des Rusceniens   123.a
Prouision de bleds   62.a
Prouisiōs de nauires du grād Cham   81.a

Q

Quesitan cheualiers fideles à leur seigneur   51.b
Queue de mouton pesant trente liures   13.b
Quian riuiere fort grande   85.b
Quianfu   67.a
Quinsai assiegée   82.b
Quinsai cité du ciel   88.a
Quinze milions six cens mil escuz de reuenu au grād Cham pour le royaume de Quinsai   91.a

R

Region tenebreuse   122.a
Remission des tailles en temps d'aduersité   61.b
Repudiation permise   31.a
Rheubarbe prinse es montaignes de Suchur

TABLE.

Suchur 26.a
Riuieres ou on peut faire cuyre les œufz, tant le pays est chauld 110.b
Royaume de Gozurath 112.b
Roy de Maabar nud 104.b
Rubiz de grandeur admirable 103.b
Ruine du vieillard tyran, de ses gens & de son chasteau 18.b
Ruse pour retirer les diamants d'vn lieu inaccessible 109.a
Ruse de guerre 82.b
Ruse pour sortir d'vn pays tenebreux 122.b

S

Sacrifices diaboliques 74.a
Saison pour pescher les perles 104.b
Salle magnifique 49.b
Sallemandres 29.b
Sebaste ville ou S. Basile fut martyrizé 8.b
Sedition entre deux capitaines 95.a
Sel d'eaue de puis 71.a
Sepulture du roy de Mien 77.a
Serpens horribles 71.b
Seruice de concubines 48.b
Sianfu 83.a.84.b
Signe de fumée pour indice aux pirates 112.a
Sindacui ville ou on forge des armures 40.a
Sindinfu 66.b
Singes 100.a
Singes ayans forme humaine 111.a
Singes desguisez en petitz hommes 100.b
Singuinatu cité 80.b
Six mille ponts de pierre en la ville de Singui 87.b
Sobrieté des Tartares 36.b
Sogatu capitaine 98.a
Solicitude des femmes de Tartarie 34.b
Solicitude de l'Auteur 63.a
Sondur & Condur 99.a
Sopurgam cité 19.a
Sotte superstition es funerailles du roy de Var 105.b
Spectacle de deux verges de Canne 33.a
Sucres 92.b
Superstition estrange 101.b

T

Tabernacle de l'Empereur 56.b
Table d'or pour saufconduit en Tartarie 3.a
Tadinfu cité 80.b
Tainfu abondant en vignes & bons ouuriers d'armures. 64.a
Tampingui 91.a
Tartares gens belliqueux 36.b
Tauris cité riche en pierreries 10.b
Tenduch prouince spacieuse 39.b
Temir filz de Chinchis, filz aisné de Cublai 44.a
Tescaor, garde des oyseaux de proye 57.a
Thebeth prouince destruicte 67.b
Thedalde Conte de plaisance legat à Ancone ou Acre 4.a
Thedalde faict Pape, & nommé Gregoire dixiesme 4.b
S. Thomas appellé Auariiam 107.b
S. Thomas apostre 105.a
Tingui 84.a
Trahison des citoyens de Cingingui 87.a
Traisneaux au lieu de charettes 121.b
Trois mille maisons pour les baings publics 89.a
Turcs bergers 8.b
Turquoises 70.a

b v

TABLE.

V Ennerie du grand Cham 55.a
Vent ardent & perilleux 15.a
Verde montaigne 50.a
Vergettes d'or pour monnoye 70.b
Viandes immundes nourriture des Tartares 35.b
Victoire de l'empereur Cublai contre son neueu Naiam 46.a
Victoire de Chinchis 33.b
Victoire du roy d'Abasie 118.a
Victoire des Tartares 76.a
Victoire d'Allau contre Barlza 1.b
Vin de dactiles 14.b
Vin tiré des arbres 10.a
Vsage de Patenostres aux Indes 104.b
Vsage de viandes immundes 88.b
Vnquen 92.b
Vncham, autrement Presteian 31.b
Vngrac nation abondante en belles femmes 48.a
Vocam 22.b
Voix horribles de malings esprits 38.a

Y

Y Disa montaignes ou sont grandes minieres d'argent 40.a
Yuoyre en abondance 114.b

Z

Z Ambillotz 99.b. 40.a
Zanzibar, isle habitée de petits hommes, mais ilz sont fort gros & robustes 116.a
Zipangri 44.b

FIN DE LA TABLE.

A. S. F. R.

La fleur en l'arbre est argument de fruict,
L'arbre sans fleur est sterile ou pery :
Que direz vous si nature a produict
Arbre sans fruict, & en tout temps fleury ?

AV SEIGNEVR DE COVRLAY,
Conseiller Notaire & Secretaire du Roy, & Controlleur de sa Chancellerie.

Dedans l'enclos de la ronde machine
   L'homme a congneu mainte chose admirable,
   Et n'y a lieu en ce monde habitable
Ou seurement il ne passe & chemine.
En son esprit il compasse & rumine
   Ce qu'il ne peult attaindre de ses yeulx,
   Ou bien l'apprend par le rapport de ceulx
Qui ont parfaict quelque voyage insigne.
   Mais nostre autheur ne s'est pas contenté
De telz rapportz, ne de charte ou peincture
Pour descouurir l'Orient incongnu.
   Donc si son œuure est à vous presenté,
   Et qu'il y ayt plaisir en sa lecture,
Sera-il point vers vous le bien-venu?

IAQVES HAMELIN LOchois au Traducteur.

Il ne fault plus s'amuser aux practiques
De ces resueurs Cosmographes antiques
Qui n'ont congneu la moitié de ce monde:
Car auiourdhuy soubz la machine ronde
Nouueaux pays & peuples tous diuers
Par grand labeur ont esté descouuers.
　Les Espagnolz de la terre Amerique
Sont ioïssans, & y font leur trafique:
Isles sans nombre autrefois incogneues
Sont auiourdhuy en leurs mains detenues.
　Ie donne los à Loys Cadamuste
D'auoir forcé d'vn courage robuste
Les grandes mers, le premier descouuert
Les flancs d'Affrique, & le chemin ouuert
Iusques en Inde & Calechut fameux.
　Le grand Colomb n'est pas moindre que ceux
Qui sur les vents auoient telle puissance
De les reduyre en leur obeissance.
　Brief, nous voyons l'Affrique monstrueuse,
Et ses deserts, & l'Arabie heureuse
Nouuellement estre mis en lumiere
Bien plus au vray qu'en la charte premiere.
　Quant à l'Asie & l'Inde orientale,
Nous en auons la cognoissance egale
Par le discours de ta traduction,
Tant qu'à present n'y a plus nation
Qui ne nous soit manifeste & congneue:
Dont à Dieu seul la louenge en est deue.

LIVRE PREMIER
DES REGIONS DE L'INDE ORIENTALE.

L'entreprinse du voyage de Nicolas & Matthieu Paules, freres Venetiens.
Chapitre I.

ORS que Bauldoyn Prince Chrestien tát fameux & renommé tenoit l'Empire de Constátinople, assauoir en l'an de l'incarnation de nostre Saulueur mil deux cens soixante & neuf, deux nobles & prudés citoyés de Venise, extraictz de la noble & ancienne lignée des Paules, apres auoir chargé vn nauire de diuerses marchandises, d'vn commun accord s'embarquerent & partirét de Venise, ayans choisy le vent à gré, & soubz ceste heureuse códuyte de Dieu passerent la mer myterraine, de laquelle entrans par les destroictz du Bosphore de Thrace, paruindrent à Constantinople, auquel lieu ilz seiournerét quelque peu de temps pour se rafreschir, en apres desancrerent, & de rechef firent voile en la mer Euxine, tellemét qu'ilz vindrent surgir à vn haure d'Armenie, appellé Soldade, ou ilz prin-

A

DES INDES ORIENTALES

drent port, & exposerét en vente leurs marchandises, pendant lequel temps aduertiz qu'en ce lieu estoit vn Roy de Tartarie nommé Barlza, luy vindrent faire la reuerence en son palais, & luy presenterent aucuns de leurs ioyaux les plus precieux. Lequel apres leur auoir fait bon recueil, accepta gracieusement leurs presens, & leur donna recompense de plus grande valeur sans comparaison. Depuis ayans faict seiour auec ce Roy par l'espace d'vn an, proposerent retourner à Venise. Mais pendant qu'ilz faisoient leurs apprests, s'esmeut gráde dissention & cruelle guerre entre ce roy Barlza & vn autre roy Tartare nómé Allau, de sorte qu'apres auoir ioint leurs forces en plaine bataille, l'armée de Barlza fut rompue & desconfite, & demoura le roy Allau victorieux. Par le moyen desquelles guerres & dissentions ces deux freres Veniciens empeschez en leur retour, estoiét en diuerses opinions quel chemin ilz tiendroient, pour en seureté de leurs personnes retourner en leur pais. Finablemét s'aduiserét de circuir & tournoyer le royaume de Barlza, & par les diuers destroictz de chemins eschapper, & euiter la fureur de la guerre. Ce qu'ilz firét, en sorte qu'ilz paruindrét à vne cité nómée Guthacque, de laquelle tirás oultre, passerent le fleuue de Tigris, & entrerent en vn grád desert, par lequel ilz cheminerent l'espace de dixsept iournées, sans trouuer aucun village ne habitás, iusques à ce qu'ilz paruindrét à Bochare, l'vne des fameuses citez de Perse, de laquelle estoit lors gouuerneur le roy Barach, & en icelle demourerent par trois ans entiers.

Marginalia: Barlza. — Allau, au trement Halau.

Par quel moyen les deux freres vindrent à la court du grand Empereur des Tartares.
Chap. II.

EN ce temps vn grand seigneur enuoyé en ambassade de la part du roy Allau au grand Empereur des Tartares, en passant logea à Bochare, ou il trouua les deux freres Venetiens, qui desia sçauoient bien parler la langue Tartarique, dont il fut fort ioyeux, & cherchoit les moyens de leur persuader d'aller auec luy, sçachant qu'il feroit vne chose tresagreable au grand Empereur de Tartarie, s'il luy pouuoit presenter ces deux hommes Occidentaux, & nourriz entre les Latins: & pour ceste cause les receuoit, & traictoit honnorablement en sa compaignie, & leur faisoit de grans presens, mesmement apres auoir par longue frequentation congneu leurs meurs, qui luy estoient agreables. Adonc les deux freres congnoissans que difficilement & sans grand danger de leurs personnes ilz ne pouuoient retourner en leurs maisons, & voyans la bonne affection que leur portoit cest ambassadeur, se deliberent de suyure sa compagnie, & se mettent à chemin auec luy pour aller vers l'Empereur des Tartares, ayans en leur compagnie quelques autres Chrestiens qu'ilz auoiét amenez auec eulx de Venise. Et de faict partent ensemblemét de Bochare. Et apres auoir employé plusieurs mois en leur voyage, ilz arriuerent finablement à la Court du grand & souuerain roy des

DES INDES ORIENTALES

Cublai, autrement Cobila. Tartares, lors nommé Cublai, autrement dit le grand Cham, c'est à dire le grand roy des rois. La cause d'auoir esté si long temps par les chemins, fut à raison de ce que tirans vers le pays froid du Septentrion, ilz rencontrerent grande quantité de neiges & inundation d'eaux qui leur empescherent les chemins.

Du recueïl que leur fist le grand Cham.
Chap. III.

Vlx arriuez en la court du grád Empereur Cham, & à luy presentez, furent benignement receuz par luy, qui les interrogea de plusieurs choses, mesmement des regions Occidentales de l'Empereur de Romme, & autres Roys & Princes, & comment ilz se gouuernoient en l'administration de leurs Royaumes & affaires belliques, comment la paix, la iustice & tranquilité estoient entre eulx obseruées, semblablement quelles meurs & manieres de viure estoit entre les Latins, mesmemét quelle estoit nostre religion Chrestienne, & quel estoit le Pape souuerain gouuerneur & moderateur d'icelle. A chascune desquelles questions & demandes les deux freres Venetiens respondirent pertinemment & par ordre, de sorte que l'Empereur prist si grand plaisir à leurs parolles, que voluntiers les escoutoit, & souuentefois commandoit les faire venir par deuers luy.

LIVRE PREMIER. 3

Comment les deux freres sont renuoyez par le grand Cham vers le Pape, & pour quelle occasion. Chap. IIII.

Ertain iour le grand Cham par l'aduis & deliberation des Princes & grands seigneurs de sa court, pria ces deux Freres Latins d'aller en son nom, & en la compaignie d'vn de ses Barons homme prudét & sage nommé Gogacal vers le Pape, & faire tant auec luy qu'il enuoyast en Tartarie iusques au nombre de cent personnes doctes & bien aprins en la loy Chrestienne, & qui sceussent remonstrer à ses saiges de Tartarie que la foy Chrestienne est la plus excellente & a preferer à toutes autres, & que c'est la seule voye de salut. Et au regard des dieux des Tartares ce n'estoient que Diables, qui abusoient & deceuoiét les gens orientaux en leurs sacrifices & venerations : car cest Empereur quand il eut entendu aucuns poinctz de nostre foy catholique, & ce pendant apperceu comment ses sages s'efforçoient defendre leur foy, il demouroit perplex & en doubte en quelle part il pourroit seurement encliner son affection, & quelle voye luy seroit la plus vraye & asseurée. Eulx donc auec toute reuerence & obeissance à l'Imperiale maiesté promettent d'accomplir fidelement ceste charge, & de presenter au Pape les lettres qui luy seroient adressées, & sur ce l'Empereur commanda vne table d'or, pourtraicte &

Gogacal.

Doubte sur la Religion.

Forme de saufconduit.

A iii

engrauée des armes & seing Imperial, selon la coustu
me du païs, leur estre baillée pour leur seruir de saufconduict par tout son empire, & que la portans auec
eulx ilz fussent menez & conduictz par les gouuerneurs des villes & prouinces à luy subiectes en seureté par tous passages & destroictz dangereux, mesmes
pour leur administrer au nom de l'Empereur viures,
& toutes autres choses necessaires pour l'expedition
de leur voyage. Et d'auantage l'Empereur les pria de
luy apporter à leur retour quelque peu de l'huille de
la Lampe qui ardoit deuát le sainct Sepulchre en Hie
rusalem, ayát ceste persuasió que cela luy seroit beaucoup proffitable, si ainsi estoit que Iesus Christ fust le
vray saluateur du monde. Donc apres auoir prins
congé de l'Empereur se mirent à chemin pour executer son mandement, portans auec eulx les lettres & la
table d'or. Et apres auoir cheuauché par vingt iournées, aduint que Gogacal qui leur auoit esté baillé par
l'Empereur pour les accópaigner, tóba malade d'vne
griefue maladie, au moyen dequoy les deux freres aduiserét de le laisser & parachcuer leur voyage encom-
mencé: ce qu'ilz firent : & par tout ou ilz passoient, e-
stoient humainement receuz & bien traictez, à cause
du seing Imperial qu'ilz portoient. Toutesfois en plu
sieurs lieux ilz furent contrainctz s'arrester & faire
long seiour, au moyé d'aucuns fleuues desbordez, &
grandes inundations d'eaues, en sorte qu'ilz furent
enuiron trois ans au parauant que pouuoir venir au
haure d'Armenie nommé Galza, duquel ilz tirerét &

prindrent leur chemin vers la ville d'Ancone, en laquelle ilz arriuerent ou mois d'Auril, mil deux cens septante deux.

De leur seiour à Venise, pour attendre la creation d'vn nouueau Pape. Chapitre V.

Estans arriuez en la ville d'Ancone oyrent nouuelles que le pape Clement quatriesme estoit peu au parauant decedé, & qu'aucun n'auoit encore esté esleu en son lieu, dont ilz furent fort contristez. Lors y auoit à Ancone vn legat du sainct siege apostolique le seigneur Thedalde Comte de Plaisance, auquel ilz descouurirẽt leur charge & commission, commẽt & pour quelle occasion ilz estoient enuoyez vers le Pape de la part du grand Cham de Tartarie, lequel leur conseilla d'attendre l'election & creation d'vn nouueau Pape, au moyen dequoy delibererent ce pendãt se retirer à Venise pour veoir leurs parés & amys, & la demourer quelque tẽps, & iusques a ce qu'vn nouueau Pape fust institué. Eulx donc arriuez à Venise, Nicolas Paule trouua que sa femme estoit au parauant decedée, laquelle à son partement il auoit delaissée grosse & enceincte d'enfant: semblablement trouua vn sien filz nommé Marc Paule (qui depuis a faicte ceste description) lequel auoit desia attainct l'aage de quinze ans, & estoit sain & en bonne disposition: mais l'election du pape fut differée & retardée par deux ans entiers, pour aucuns scismes qui suruindrent en l'Eglise.

Clement quatriesme.

Ancone autremẽt Acre ou Ptolemaïde.

Marc Paule.

DES INDES ORIENTALES
Du retour des deux freres vers le grand Roy des Tartares. Chap. VI.

Eux ans eſtoient deſia paſſez que les deux freres eſtoiét retournez en leur pays, qu'ilz s'aduiſerét que le grand Empereur des Tartares attédoit leur retour. A ceſte cauſe craignás qu'il ſe faſchaſt de leur lógue demeure, partirent de Veniſe & retournerét à Ancone vers le Legat, menás auec eulx le ieune Marc Paule pour leur faire cópaignie en ce lointain voyage. Et apres auoir retiré du Legat lettres pour porter à l'Empereur des Tartares, par leſquelles eſtoiét amplemét deduictz & remóſtrez les poinctz principaulx cócernás la foy catholique, ſe delibererét de rechef retourner au pays oriental, mais ilz ne furent gueres eſlongnez d'Ancone, que de la part des Cardinaulx arriuerét les courriers vers le Legat, pour l'aduertir qu'il auoit eſté eſleu Pape & ſouuerain eueſque de Rome, qui depuis fut appellé Gregoire, lequel ces nouuelles oyes incótinét enuoya gens apres les deux freres Venetiens pour les faire retourner, les admonneſtant de ne partir que premierement ilz ne portaſſent autres lettres au grant ſeigneur de Tartarie. Ce qu'ilz firent, & leur bailla pour leur faire compaignie deux religieux freres predicateurs, gens doctes & de bonne vie, l'vn deſquelz eſtoit nommé Nicolas, l'autre Guillaume Tripolitain, leſquelz demouroient lors à Ancone. Ainſi partirent enſem-
blement

Gregoire dixieſme du nom.

blement d'Ancone, & firent tant qu'ilz arriuerent à vn port d'Armenie nommé Glacia. Mais pource que le Souldam de Babylone estoit lors entré en païs, & venu auec grosse armée assaillir les Armeniens, les deux religieux de ce aduertiz, commencerent à s'effrayer, & craindre que plus gráde fortune ne leur aduint pour la difficulté des chemins, perilz & inconueniens de la guerre, au moyen dequoy s'arresterent en Armenie chez vn maistre du temple, car ilz s'estoient desia trouuez en plusieurs perilz & dangers de mort: mais au regard des Venetiens, passerent oultre, exposans leurs personnes & vie à tous perilz & fortunes, en sorte que auec grádissimes peines & trauaulx, en fin paruindrét iusques en la cité de Clemensu, en laquelle estoit lors le grand Empereur de Tartarie. Combien que leur voyage ayt esté bien lóguemét retardé, tát à l'occasion du temps d'hyuer, que par le moyen des neiges, froidures, & grandes inundations d'eaues. Qui fut cause que le grád Empereur Cublay estant aduerty de leur retour en ses païs, encores qu'ilz fussent fort esloignez de luy, enuoya gens au deuant d'eulx plus de quarante iournées pour les conduire & leur administrer toutes choses necessaires par les chemins.

Glacia.

Clemensu, ville de Tartarie.

Du bon recueil que le grand Empereur de Tartarie feit aux Venetiens à leur retour. Chap. VII.

Restans les trois Venetiens arriuez en la court de l'Empereur, & presentez à sa maiesté, se prosternerent deuant luy, inclinás leur face cótre terre, luy faisans la reueréce

DES INDES ORIENTALES

à la mode accouftumée, lequel les receut fort humainement, leur commandant fe leuer:& oultre leur cómanda faire recit du difcours de leur voyage,& comment ilz auoient peu efchapper les grádes difficultez des chemins, & ce qu'ilz auoiét executé de leur charge enuers le Pape & fouuerain Euefque de Rome. A quoy ilz rendirent refponfe pertinente & par ordre, & luy prefenterent les lettres du Pape qu'ilz auoient apportées, dont l'Empereur fut merueilleufement ioyeux,& prifa beaucoup leur fidelle folicitude. Semblablement il receut d'eulx agreablement l'huille de la Lampe ardente deuant le fainct Sepulchre de noftre Seigneur qu'ilz luy auoient apporté & prefenté, lequel il commanda eftre gardé & ferré en grand hóneur & reuerence. Puis apres auoir entédu que le ieune Marc Paule eftoit filz de Nicolas, il luy fift bó recueil & affable comme aufsi il faifoit ordinairement bó vifaige aux deux freres lefquelz il tenoit en tel hóneur & reputatió, que de la en auant les autres grandz feigneurs de fa court leur porterent grand honneur & reuerence.

Combien M. Paule a efté en la grace du grand Empereur de Tartarie. Chap. VIII.

Infi M. Paule ayant en peü de temps aprins en la court du grand Cham les meurs des Tartares, enfemble les quatre diuerfes langues du pays, lefquelles non feulement il fçauoit lire mais semblablement bien escrire, estoit de tous aymé & estimé, & mesmement de l'Empereur, lequel afin de descouurir plus amplement la prudence de ce ieune Venetien, luy donna la charge de l'expedition de quelques grans affaires qu'il conuenoit executer en loingtaine region, & en laquelle à peine il eust peu aller dedans six mois. Toutesfois luy se gouuernant prudemment en toutes choses, executa la charge commise, nõ sans grãde louãge & faueur du prince. Encores luy cõgnoissant l'Empereur se delecter & prendre plaisir en nouueaultez, par toutes les cõtrées ou il passoit, il s'en queroit diligémment des coustumes & meurs des habitans, les natures & conditions des bestes, & de tout en faisoit veritable rapport, dõt il acquist singulieremẽt la grace du Prince, en sorte que mesmes es grãs & vrgẽs affaires de l'Empire il estoit par luy éployé. Et en telle reputation fut auec luy l'espace de xvii. ans, estãt souuentesfois enuoyé en diuerses contrées de ce grãd Empire: esquelles non seulement il executoit les affaires de l'Empereur, mais aussi exactement recongnoissoit & recherchoit les proprietez des terres, consideroit les situations des prouinces & citez, & les choses dignes d'admiration, qui au parauant y estoient aduenues, ou encores pour lors s'y trouuoient les redigeoit par escript: dont par apres à nous peuples occidentaulx il en a donné cõgnoissance, comme par son second liure est amplement declairé.

B ii

DES INDES ORIENTALES

Comment les Venetiens apres certaines années obtindrent congé pour retourner en leur pays. Chap. IX.

Es Venetiens apres auoir aſſez long temps demouré en la court du grād Cham, ayans grant deſir & naturelle affectiō de retour en leur pays, demāderent cōgé à l'Empereur d'eulx retirer, ce q̃ difficilement leur voulut accorder: car il eſtoit fort ayſe de les auoir en ſa court. Aduint toutesfois que ce pédāt vn Roy des Indes nōmé Argon enuoya trois de ſes gentilzhōmes, les noms deſquelz ſont Culatai, Ribuſca & Coila par deuers le grand Cham, pour le prier de luy donner en mariage quelque fille qui fuſt de ſa lignée, par ce que ſa defuncte femme nommée Balgaua auoit ordonné par ſon teſtament, & faict promettre par ſerment à ſon mary, qu'il ne prendroit aucune à femme & eſpouſe s'elle n'eſtoit de la maiſon & famille du grand Cham. A quoy facilement le grand Roy Cublai ſe condeſcendit, & leur bailla vne ieune fille de l'aage de dixſept ans nōmée Gogatim, laquelle eſtoit iſſue de ſa race & lignée, qu'il deſtina pour femme audict Roy Argon. Eſtans donc ces ambaſſadeurs ſur leur partemēt pour emmener la ieune Royne, furent aduertiz de la grāde affectiō qu'auoiēt les Venetiés de retourner en leur pays, prierēt l'Empereur Cublai que pour l'honneur de leur Roy Argon il permiſt aux Venetiens de s'en

Argon Roy des Indes.

Gogatim.

aller auec eulx,& faire compaignie à la nouuelle Royne iusques en Inde,& que dela ilz s'en retourneroient en leur pays: ce que l'Empereur aucunement vaincu par les prieres des ambassadeurs à grande difficulté, & quasi contrainct leur accorda.

De leur retour à Venise.   *Chap.*   X

Donc en ceste compaignie se departirent de la court du grand Empereur Cublai,equippez de quatorze grans nauires suffisamment garnies de toutes choses necessaires, chascune desquelles estoit de quatre mastz & autant de voiles:& à l'ambarquemét leur furent baillées par l'Empereur deux tables d'or,esquelles estoient les armes & enseignes Imperialles, pour leur seruir de saufconduict,afin que par tout son Empire, & tant de prouinces qu'ilz auoient à passer,en monstrant ces tables aux gouuerneurs du pays, on leur administrast viures & autres choses necessaires. Oultre enuoya auec eulx certains ambassadeurs vers le Pape, & à aucuns Roys Chrestiens.Ce faict firent voile en mer tellement que trois moys apres ilz arriuerent à vne Isle qu'on appelle Iaua.Et de la voguát par la grád mer Indique par long téps,paruiennent finalement au palais du Roy Argon,auquel ilz presentent la ieune fille qu'ilz luy auoiét amenée pour femme,laquelle toutesfois il ne print pour luy, mais la bailla en mariage

B iii

DES INDES ORIENTALES

à vn sien filz. Or de six cens hômes qu'il auoit enuoyé en Tartarie pour amener la pucelle, s'en trouua grâde quâtité deffaillir, lesqlz p les chemins tât à aller qu'au retour estoient decedez. Au surplus les Venetiës auec les ambassadeurs se departirent de ce lieu, & passans par vn autre Royaume, duquel estoit gouuerneur vn Viceroy nommé Acaca, au lieu d'vn ieune enfant Roy d'iceluy, duquel ilz receurent deux autres tables d'or portans faueur & recommendation selon la coustume du pays, par le moyen desquelles en grand honneur & seureté ilz furent conduictz iusques aux limites de ce Royaume. Et depuis apres plusieurs labeurs & trauaulx par long temps souffertz moyennât la grace de Dieu paruindrent en Côstantinople, & de la retournerent à Venise en bonne disposition, bien accompaignez & garniz de grandes richesses, en l'an de nostre Seigneur mil deux cens quatre vingtz & quinze, ou ilz rendirent graces à Dieu qui les auoit deliurez de tant de perilz & dangers, & renduz à saueté en leur pays.

Tablettes pour sauf-cenduyt.

I'ay bien voulu au commencement de ce liure en brief & sommairement descripre ce discours, afin que le Lecteur congnoisse comment & par quelle occasion Marc Paule Venetien autheur de ce liure a peu rechercher & descouurir ce que cy apres sera declaré, pour en faire fidele description.

L'excuse de l'autheur.

LIVRE PREMIER.

De la petite Armenie.   Chap. XI.

LA generale descriptiõ de nostre voyage premise, maintenant nous viendrons à la particuliere, & retournans par chacune des regions qu'en passant auons recongneues, nous declarerons tout ce qu'en icelles auõs veu & experimenté. Donc Armenie la mineur en laquelle premieremẽt sommes entrez consiste & est soustenue par le moyé des bons gouuerneurs d'icelle & grande obseruation de iustice. En ce Royaume y a plusieurs belles villes, & grand nombre de bourgades, la terre y est fertile, tellement que le pays n'est indigent d'aucune chose necessaire. la chasse des bestes & oyseaux n'y manque point, mesmes l'air y est fort salubre, & n'est infect d'aucune corruption. les habitãs du pays qui au tẽps passé estoiẽt fort bien aguerriz & adextres aux armes, sont de present par longue oysiueté deuenuz lasches & effeminez, & ne s'adõnent qu'a delices & voluptez. Il y a en ce Royaume vne ville située pres la mer, appellée Glacia, ayant le haure tresbon & cõmode, ouquel plusieurs marchands de diuerses contrées abordent, mesmes de Venise & Gennes: à l'occasion des diuerses marchandises qu'on y apporte, cõme de toutes sortes d'espiceries & autres precieuses marchãdises, qui des regiõs oriẽtales y sont amenées à cause de la trafficque: car ce lieu est comme vne porte ou entrée du pays oriental.

Oisiueté mere de vice.

Glacia.

DES INDES ORIENTALES

De la prouince de Turquie. Chap. XII.

Vrquie est vne prouince de gens ramassez, composée de diuers peuples, comme Grecz, Armeniens & Tartares. Toutesfois les Turcz ont leur lãgue propre & particuliere, & viuent soubz la loy du detestable Mahumet. Ce sont gens ignares, rudes & agrestes, qui habitent es montaignes & vallées, & principalemẽt es lieux de pasturages: car il ont de grans trouppeaux de Iumentz, & porcz, ilz ont aussi des muletz, mais ilz sont chers, & de grand valeur. Quant aux Grecz, & Armeniens qui habitent entre eulx, ilz font leur demorance aux villes & bourgades, & s'appliquent entieremẽt aux ouuraiges de soye, ilz ont plusieurs villes entre lesquelles sont les principales & plus fameuses, Gomo, Cesarée, & Sebaste, ou le benoist sainct Basile fut martyrizé pour la foy de Iesus Christ, ilz recongnoissent vn des Roys de Tartarie pour leur seigneur.

Turcs bergiers.

Sainct Basile.

De la grande Armenie. Chap. XIII.

A grande Armenie est vne prouince de grande estendue, elle est tributaire aux Tartares & cõtiẽt grãd nõbre de belles villes & bourgades, dont la principale & metropolitaine s'appelle Arzinga, en laquelle se faict du bougran singulier & excellent. Aussi y a des sources d'eaues

LIVRE PREMIER.

d'eaues chauldes fort commodes pour baigner & lauer les corps humains, & seruent grádement a medecine. Les autres villes plus fameuses apres la metropolitaine sont Argiron, & Darzirim, esquelles plusieurs Tartares au temps d'esté se retirent auec leurs trouppeaulx & bestail, a cause de la fertilité des pasturaiges. Et quand l'hyuer vient, pour la grande abondance des neiges, ilz s'en retournent ailleurs pour quelque téps. Es montaignes de ceste Armenie s'arresta l'arche de Noë apres le deluge. La puice des Zorzaniés leur est prochaine, & voysine du costé d'orient. Semblablement en ce pays sur la coste de Septentrion, L'on trouue vne grande fontaine iectant de sa source vne liqueur semblable a huille, leql cóbié qu'il soit inutile pour l'vsaige de l'hóme, toutesfois il sert & est de grád pfit pour l'entretenemét des lápes & lumieres, & pour oindre toutes choses. Au moyen de quoy les nations voysines y accourent, & espuisent telle liqueur de ceste fontaine, pour l'vsaige de leurs lápes. Et neátmoins ceste fontaine decoulle sans cesse, & en telle abondance qu'on en charge plusieurs nauires, pour le transporter en autres contrées.

Eaues chauldes.

Fontaine d'huylle.

De la prouince de Zorzanie. Chap. XIIII.

LA prouince de Zorzanie est tributaire au Roy de Tartarie, & le recógnoist à seigneur. Les Zorzaniés sont beaulx hommes, fort belliqueux, & adextres à tirer de l'arc. Ilz sont tous Chrestiens, obseruás les ceremonies

C

DES INDES ORIENTALES

de l'eglise Grecque. Et portent cheueux cours cóme les clerz occidétaulx, leur pays est de difficile entrée, mesmement du costé d'oriét, car le chemin y est fort estroict, ayant d'vn costé la mer, & de l'autre les montaignes, & par tel chemin fault aller l'espace de quatre lieues au parauant que d'entrer en pays: en sorte qu'vne petite trouppe de gens pourra empescher, & defendre l'entrée contre vne grosse armée. Les habitans du pays ont plusieurs belles villes & chasteaulx, & ont grande quantité de soyes dont ilz font les velours excellens. Les aucuns d'eulx s'employent au labeur de leurs mains, les autres a la traffique, & a debiter les marchandises, la terre de soy y est assez fertile. Ilz dient auoir en ce pays vne chose digne d'admiration, c'est qu'il y a vn grand lac qui est faict des eaues qui decoullent des montaignes, & l'appellent la mer Chelucele, ayant de tour & circuyt enuiron troys cés lieues. Ce lac tout le long de l'année ne produict aucuns poissons, fors le temps de Caresme, & iusques au iour du sabmedy de la sepmaine saincte. Il est esloigné des autres mers à distáce de douze iournées. Aucuns dient que le fleuue Euphrates & autres grádes riuieres viennent tumber en ce lac.

Ouuriers de soyes.

Lac admirable, peult estre la mer Caspie.

Du royaulme de Mosul. Chap. XV.

LE royaulme de Mosul est assis vers l'orient, faisant frótiere à la gráde Armenie. En icelluy habitét Arabes Mahumetistes, & plusieurs Chrestiés Nestorians, & Iacobins, sur lesquelz pre-

LIVRE PREMIER. 10

side vn grád Patriarche qu'ilz appellent Iacelich. En ce lieu se font d'excellens draps d'or & de soye, mais aux montaignes repairent certaines gés qu'ilz appellent Cardiz, donc les aucuns sont Nestorians, autres Iacobins, & autres Mahumetistes, & neátmoins grads volleurs & brigantz.

Patriarche Iacelich.

De la cité de Baldach. Chap. XVI.

EN ceste contrée y a vne cité bien fameuse, nommée Baldach, autrement appellée en la saincte escripture Suses, en laquelle reside le grand prelat & souuerain Euesque des Sarrazins, qu'ilz nomment Caliphe, & ne se trouue en tout le pays cité plus noble, ne mieulx renommée que celle de Baldach. En icelle on faict grande quátité d'excellens draps d'or, & de soye, & de diuerses façós. En l'an de l'incarnation de nostre Seigneur mil deux cés cinquante, le grand Roy de Tartarie nommé Allau l'assiegea, & tellemét la pressa qu'il la print d'assault, lors y auoit dedans plus de cent mil hommes en armes, mais Allau estoit encores sans cóparaison le plusfort. Or le Caliphe qui estoit seigneur de la ville, auoit en vne des tours d'icelle grande quantité d'or, d'argent, pierres precieuses, & autres ioyaulx de grád pris, mais aueuglé d'auarice ne voulut iamais aucune chose en distribuer & departir aux soldatz & gens d'armes, qui fut cause que luy & la ville tumberent en cest incon-

Histoire.

Autremét appellé Haolon.

C ij

DES INDES ORIENTALES

uenient. Donc le Roy Allau victorieux, apres la ville prinſe fiſt reſſerrer & enfermer le Caliphe dedans la tour en laquelle eſtoient les treſors deſſuſdictz, auec deffenſes de luy bailler à boire ne méger, luy diſant, Si tu n'euſſes point eſté ſi affectionné à la cōſeruation de ces treſors, tu auois moyen de deliurer & ſauluer & toy & ta cité: Or maintenāt vſe de tes richeſſes que tu as tant aymées, & en menge & boy à ton plaiſir. En ceſte maniere le pauure miſerable mourut de faim pres de ſon treſor. Au trauers de ceſte ville paſſe vne grande riuiere qui deſcend en la mer Indique, à dixhuict iournées de diſtāce, & par la bouche d'icelle infinies marchādiſes y peuuent eſtre amenées des Indes ſans grande incommodité, oultre que ceſte riuiere prend ſon origine de la ville de Chiſi: entre laquelle & celle de Baldach y a vne autre belle ville nōmée Baſcia, qui eſt enuironnée d'vne grande foreſt de palmiers, dont on retire grande quantité de dactiles.

Contre les ſeigneurs auares.

Chiſi.

Baſcia.

De la cité de Tauris. Chap. XVII.

Semblablement en ceſte contrée eſt la noble cité de Tauris, en laquelle ſe faict grāde trafficque de diuerſes marchādiſes: car il s'y trouue grāde quantité de pierres precieuſes, de draps d'or, de ſoye, velours, & autres eſpeces de marchandiſes. Et pource que la ville eſt en bonne aſſiette, y viennent de diuerſes parties du monde infiniz mar-

LIVRE PREMIER.

chands comme des Indes, de Baldach, de Mosul, de Cremosor, mesmes du pays des Latins, aucuns y vōt en marchandise: car les marchands trouuent en icelle de grands moyens pour soy enrichir en peu de téps. Les citoyens d'icelle sont Mahumetistes, cōbien qu'il s'en trouue aucuns Nestorians & Iacobins. A l'entour de la ville y a de tresbeaulx iardins, & lieux de plaisance, dont toutesfois les habitās recueillent grāde quantité de bons fruictz.

Comment vne montaigne fut miraculeusement transportée d'vn lieu en autre.
Chapitre XVIII.

EN ce pays y a vne mōtaigne qui n'est gueres distante de la cité de Tauris, laquelle autresfois a esté par la vertu diuine trāsferée de son lieu en autre, pour l'occasiō qui s'ensuit. C'est que les sarrazins voulans calumnier l'Euangile de Iesus Christ, & improperer aux Chrestiens que c'estoit vne doctrine vaine & friuole, disoient: Il est escript en vostre Euangile, q̄ si vous auez de la foy à la quantité d'vn grain de moustarde, & vous dictes à ceste montaigne qu'elle voyse d'vn lieu en autre, elle s'y transportera, & rien ne vous sera impossible. Or maintenāt si vostre foy est si excellente & sans erreur, cōme voº dictes, faictes partir ceste mōtaigne de son lieu, & esprouuez la vertu de vostre Euangile. Et à ce

Histoire miraculeuse.

DES INDES ORIENTALES

faire ces infideles Mahumetiftes s'esforcerent cõtraindre les pauures Chreftiens foubz couleur de la tyrannie & domination qu'ilz auoient fur eulx, ou bien de fe reduire en leur loy de Mahumet, ou finõ les menaſſoiét de les faire mourir & mettre en pieces. Alors vn des Chreftiés feruét en l'amour & foy de Iefus Chrift, reconforta les autres pauures Chreftiens infirmes. Et apres auoir faict fon oraifon au Seigneur, auec vne grande confiance, dift à la mõtaigne: Va ten hors d'icy. Ce qu'incontinent fut faict en la prefence & veuë de tout le peuple qui y eftoit affemblé, en forte que par tel miracle grand nombre de farrazins furent conuertiz à la foy, & cõmencerent à cõfeffer Iefus Chrift.

Du pays de Perfe.   Chap. XIX.

Perfe eft vne grãde prouince & ample, & qui autresfois a efté noble & de grãt renom, mais maintenant qu'elle a efté gaftée & deftruicte par les Tartares, elle eft plus infime & abaiffée q̃ iamais. Toutesfois le nom d'icelle eft encores efpandu iufques en toutes les prouinces prochaines & adiacentes, en forte qu'auiourdhuy le pays de Perfe contient huict royaulmes. Le premier defquelz eft appellé Chafum, le fecond Churdiftam, le troifiefme Lor, le quatriefme Cielftã, le cinquiefme Iuftanich, le fixiefme Zerazi, le feptiefme Sochá, le huictiefme Timochaim, lequel eft fur les frontieres de Perfe, & en ice-

LIVRE PREMIER.

Cheuaulx de Perse.

luy y a de beaux grãdz cheuaulx & de grãd pris, tellement qu'aucunesfois vn cheual y est vendu la valeur de deux cens liures tournois. Les marchãds les menét communemét es villes de Chisi & Curmose, qui sont sur les haures de mer, & de la sont transportez & venduz es Indes. Semblablement il y a de beaux grandz asnes qui sont chers & bien requis, car aucunesfois vn asne sera vendu trente marcz d'argent, mais les habitans y sont meschantz, querelleurs, larrons, voleurs, & grandz assasinateurs, tenãs la loy de Mahumet: les marchandz y sont de tous costez tuez & meurdriz par ces brigãtz, s'ilz ne sõt par les chemins en bõne troupe & cõpaignie: toutesfois es villes y a de fort bõs artizans qui font d'excellens ouuraiges en or & soye, mesmement sont singuliers en retz & instrumentz à prendre oyseaux. Le pays est fertile & abondant de cotton, froment, orge, mil, & autres especes de bled, aussi y prouient grande quantité de vin & de fruictz.

Grans asnes.

De la cité de Iasdi. Chap. XX.

A cité de Iasdi est vne des plus fameuses du pays, en laquelle se font grandes traffiques de marchandise, & en icelle y a semblablemét de subtilz ouuriers qui besõgnét en soye, ilz tiennent la loy de Mahumet. Oultre Iasdi par sept iournées ne se trouue aucũ lieu habité d'hommes iusques à la ville de Crerman, mais

DES INDES ORIENTALES

sont tous lieux champestres & bocaiges fort commodes pour la chasse & vennerie, aussi on y trouue grande quátité de connilz, plus grands sans comparaison que les nostres.

De la cité de Crerman. Chap. XXI.

Andaui-
cum pour
bronze, ex
Munstero.

Rerman est vne cité de belle merque & bien renommée, es montaignes de laquelle se trouue grande quátité de pierres precieuses, qu'on appelle turquoyses. Aussi y a des mines d'acier & de bronze : semblablement on y trouue des faulcons excellens, & qui volent de grande viuacité, & vistesse, toutesfois ilz sont plus petitz que les faulcons passagers. En Crerman y a plusieurs artizás, mesmes armuriers de toutes sortes d'armes, qui forgent & fabriquét freins, esperons, selles, espées, arcs, trousses & autres harnois, selon l'vsaige du pays. Les femmes sont destinées à autres ouuraiges, mesmemét à la plumasserie dont elles font de braues lictz, mattelatz, oreillers, trauersins & choses semblables de grá de excellence. A l'issue de la ville de Crerman, tirans oultre, on trouue vne grande plaine qui contient enuiron sept iournées de chemin, & iusques à ce qu'on vient à vne grande vallée qui ne peult estre passée en deux iours entiers que tousiours lon ne voyse en deuallát. Or en ceste plaine qui est fort habitée on trouue grande quantité de perdrix, & y a de beaux chasteaulx & bourgades, mais en la vallée aucun n'habite re sinō quelques bergers du pays, encores qu'elle soit belle & vmbrageuse, & peuplée de plusieurs sortes d'arbres fructiers. Ceste contrée en temps d'hyuer est subiecte à grandes & intolerables froidures.

De la cité de Camandu & region de Reorbarle.
   Chapitre   XXII.

DE la on vient en vne grāde campaigne, en laquelle est situéé vne ville appellée Camandu, qui autresfoys a esté grāde & populeuse, mais maintenāt est ruynée & destruicte par les Tartares, toutesfoys le pays retient encores a cause d'icelle sa denomination. On y trouue grande quantité de dactiles, pistaches, pommes de paradis, & autres diuers fruictz qui ne prouiennent point en noz pays de deça. Semblablemēt y a des oyseaulx appellez Syncolines, qui sont de diuerses couleurs, assauoir de blancz & noirs, & ont les piedz & le bec rouges. Aussi y a de grāds beufz qui sont totallement blancz, ayans en la teste petites cornes qui ne sont point agues, & sur le doz ont vne bosse comme les chameaulx, au moyen de quoy sont si forts que cōmodement on leur peult faire porter de gros & pesantz fardeaulz. Et quād on leur mect le bas & la charge sur le doz, ilz fleschissent & courbent les genoulx comme le chameau, en apres estans chargez se releuent, & en ceste maniere sont appris par les hommes

Syncolines oyseaulx.

Beufz bossuz.

D

DES INDES ORIENTALES

Moutons grāds cōme asnes.

du pays. Les moutons ne sont moins grands que noz asnes, ayans la queue tellement longue & large, que le plussouuent elle poise trente liures. Ilz sont beaulx & grāds, & fort bons & sauoureux à māger. Oultre en ceste plaine, y a plusieurs villes & bourgades dōt les murailles ne sont faictes que de terre, encores sans aucune forme, & toutesfois sont fortes, comme aussi en ont grand besoing: Car il y a beaucoup de brigāds & volleurs au pays qu'ilz appellent Caraons, lesquelz ont

Chose esmerueillable de volleurs.

vn Roy sur eulx. Ces volleurs vsent d'enchantemens, & quand ilz font leurs courses, ilz ont moyen de faire par leur art diabolique, que l'air sera par longue espace de temps si obscur & tenebreux, que personne ne les peult veoir, & se donner garde d'eulx. Et font durer ce brouillardz & tenebres aucūesfoys par cinq iours, autresfoys par sept, & ce pendant ilz courent & tiennent les champs en grand nombre, en sorte que quelquesfoys leur trouppe sera de dix mille volleurs, & se rengent en ordre de bataille comme font les gendarmes, & en telle forme marchent & s'espandent par le pays, & tout ce qu'ilz rencontrēt, hommes, bestail, & autres choses, ilz le prennent. quant aux ieunes hōmes ilz les vendent, les vieulx ilz les tuent. Et moy Marc Paule qui cecy escriptz suys tumbé dedans ces brouillardz, mais pource que ie n'estois pas fort loing d'vn chasteau appellé Canosalim, auquel soubdainement ie me retiray, facilement i'euaday le peril & dāger. Toutesfoys il y en eut plusieurs de ma cōpaignie qui tumberent dedans ces laqz diaboliques, partie

LIVRE PREMIER.

desquelz furent venduz, les autres tuez & occis.

De la cité de Cormos, & belles campaignes d'icelle. Chap. XXIII.

LA plaine de laquelle cy deſſus ay parlé, s'eſtend vers le midy enuiron ſept iournées, & à la fin d'icelle le chemin commence à decliner & reduyre en vallée, qui dure enuiron dix lieues, touſiours en deuallāt, mais le chemī en eſt treſmauuais & dangereux à cauſe des brigans & voleurs, qui y frequentent. De là on vient en vne belle campaigne, qui a enuiron deux iournées d'eſtéduc, pour ceſte cauſe on l'appelle, la belle plaine. Auſsi elle eſt arrouſée de pluſieurs ruiſſeaux, & fertile en arbres de palmes: ſemblablemēt y a grande quātité de diuerſes ſortes d'oyſeaux, meſmemēt de papegays ou perroquetz, leſquelz ne ſont encores cōgneuz deça la mer. Paſſant oultre on viēt a la mer appellée Creane, aux riuaiges, de laquelle eſt aſsiſe la ville de Cormoſe, ayant tresbon haure, ou arriuent beaucoup de marchands, meſmes des Indes, qui y apportent des eſpiceries, perles, pierres precieuſes, draps d'or, de ſoye & velours, yuoire & autres choſes de grand pris. Ceſte ville eſt Royalle, ayant ſoubz ſoy pluſieurs autres villes & chaſteaux: mais la region eſt fort chaulde & ſubiecte a maladies, toutesfois quand quelque marchand eſtrāgier y decede, le Roy du pays confiſque & applique a ſoy

La belle plaine.

Cormoſe.

Droit d'aubeyne en cormoſe

D ii

DES INDES ORIENTALES

Vin de da- tous ses biens. On y faict du vin de dactiles & autres
ctiles. bonnes espiceries, toutesfois ceulx qui ne sont accoustumez a boire telz breuuaiges, du commencemét en souffrent le flux de ventre, mais apres y estre accoustumez cela les engresse merueilleusement. Les habitans du lieu ne viuent pas de pain & de chair comme es autres pays, mais de dactiles, de poissons sallez & d'oignons. ilz ont certaines especes de nauires qui ne sont
Nauires gueres asseurées, car elles ne sont ioinctes auec cloux
sans fer ne & bandes de fer comme les nostres, ains seulement de
cloux. cheuilles de bois, & quelques fiscelles qu'ilz font des escorces des noiz Indiques. Ces escorces sont preparées & courroyées cōme on faict les cuyrs: & d'icelles on en retire les filetz, desquelz on faict de fortes cordes, qui peuuent soustenir & resister a la violence de leaue, sans pouuoir estre facilemét brisées ne rōpues. Ces nauires n'ont qu'vn mast, vn voyle, & vn gouuernail, ausi n'ont qu'vn plancher. Elles ne sont poissées mais oinctes de gresse de poisson. Aussi quád ilz fretent es Indes, ayás cheuaulx & autres charges en leurs nauires, ilz font souuentesfois naufrage, & perdent beaucoup de nauires, par ce que ceste mer est fort subiecte a tempestes, & que leurs nauires ne sont garnies de fer pour y resister. Les habitans du pays sont noirs obseruans la loy de Mahumet. En temps d'esté que la chaleur est intollerable, ilz ne font leur demourance es villes, mais se retirent en des iardins qu'ilz ont aux champs, esquelz par canaulx & conduictz ilz font destourner l'eau & arrouser les iardins à leur plaisir. Et

LIVRE PREMIER.

là demeurét quelque temps pour aucunement euiter la grande ardeur du soleil. Aucunesfois aduient que du costé d'vn desert prochain, ouquel n'y a que sablons, s'esleuera vn vent si ardent, & vehemét, que si les habitans du pays ne se sauuoient à la fuyte, ilz seroiét de la grade chaleur extainctz & suffoquez, mais si tost qu'ilz s'apperçoyuent que ce vent commence à s'esleuer, incontinent se retirent & cachent es lieux aquatiques, & humides, tant que ce vent ayt faict son cours, & par ce moyen se sauuent de la grande ardeur qui procede de ces desertz sablonneux. De la prouient qu'ilz ne font leurs semences qu'au mois de Nouébre & la moisson en Mars, auquel téps les autres fruictz font semblablement venuz à maturité, & sont recuelliz: car apres le mois de Mars toutes les fueilles des arbres & les herbes a cause de la grande chaleur sont incontinent deseichées, tellement que tout le téps d'esté vo⁹ n'y trouueriez vne seule fueille verte, si ce n'estoit le long des eaues. La coustume du pays est que quád vn chef de maison, & pere de famille est decedé, que sa veufue en face le dueil par quatre ans entiers & continuelz, & qu'vne fois par chascun iour elle face les pleurs & doleances, & lors s'assemblent en la maison du defunct les parentz & voysins, qui semblablemét auec grandz criz & lamentations deplorent sa mort, & en font grandes complainctes.

Vent ardét & perilleux.

Moissons en Mars.

Dueil des femmes veufues.

D iii

DES INDES ORIENTALES
Description du pays qui est entre les villes de Cremes & Crerman. Chap. XXIIII.

AFin que ie descriue aussi les autres prouinces, ie delaisseray à present l'Inde, & retourneray à Crermam, afin que de la ie vienne le droict chemin & par ordre, aux regions que i'ay passées & recongneues. Or donc si tu prens le chemin tirant de Cremes a Crerman, tu trouueras vne belle & grande plaine entredeux, en laquelle riē ne deffault de ce qui est necessaire pour la vie de l'homme, mesmement est fertile en bledz, toutesfois le pain qui en est faict est fort difficile a menger à ceulx qui ne l'ont acoustumé, tant il est amer a cause de l'eaue dont il est paistry qui est fort amere. Semblablement les Paysans ont grāde abondance de dactiles & autres fruictz sauoureux, mesmes ont des baings naturelz de grande efficace pour la guarison des galles, roignes & plusieurs autres maladies.

Bains naturelz.

De la region d'entre Crerman & Cobinam.
Chapitre XXV.

DE Crermam allant vers la cité de Cobiná se presente vn chemin fascheux & ennuyeux, attēdu mesmement que par icelluy on chemine sept iournées sans trouuer que bien peu d'eaue, encores salée & amere, &

LIVRE PREMIER. 16

de couleur verde, comme si c'estoit ius d'herbes. Et quiconques en boyt tant soit peu, ne se peult sauluer qu'il n'en ayt le flux de ventre. En semblable aduient si aucun gouste du sel qui est faict de ceste eaue. Parquoy il est de necessité que ceulx qui veullent passer ce chemin facent prouision d'autre eaue, autrement sont en danger de mourir de soif, mesmes les bestes ont en horreur de boire de telle eaue. Et s'il aduient qu'elles soient contrainctes d'en boire, en souffrent semblablement flux de ventre. Pour ceste cause, & qu'on n'y trouue q̃ boire ne repaistre, ce desert n'est aucunement habité ne frequenté soit d'hommes, ou de bestes, sinon qu'on y rencontre quelquesfois des asnes sauluages. *Eaues dãgereuses.*

Desert inhabité.

De la cité de Cobinam. Chap. XXVI.

LA cité de Cobinam est grande & spacieuse, & abõdante en grande quantité de fer, d'acier & bronze. On y faict de beaux & grands miroirs d'acier. Semblablemẽt on y faict la tuthie fort medicinable pour les yeulx, & l'espondium en ceste maniere. Il y a au pais des mynieres, desquelles on tire vne espece de terre, que apres ilz font cuyre en fornaise ardente, & au dessus mettent vn gril ou treilliz de fer pour arrester la vapeur qui en procede, laquelle vapeur qui s'attache & conglutine au fer, s'appelle Tuthie, & la grosse matiere qui demeure de reste de- *Forme de faire la tuthie.*

DES INDES ORIENTALES

Espodium. dans le fourneau s'appelle Espondium. Les habitans du pays sont sectateurs de la loy Mahumetique.

Du royaulme de Timochaim, & de l'arbre du soleil, autrement appellé par les Latins, l'arbre sec. Chapitre XXVII.

Desert.

E N laissāt derriere la cité de Cobinā, se presente vn autre desert ayant de longueur dix iournées en grande aridité & secheresse. Il n'y a aucuns arbres ne fruictz, & les eaues qu'on y trouue sont fort ameres, en sorte que les bestes n'en veullent boire, & fault que ceulx qui y passent, portent auec eulx leur eaue, autrement seroient en dāger de mourir de soif. Mais apres auoir pasé ce desert on vient au royaulme de Timochaim, ouquel y a plusieurs villes & chasteaulx, & est limitrophe du pays de Perse du costé de Septentrion. En la plaine de ce royaulme y a vn grand arbre, appellé *L'arbre du soleil.* l'arbre du soleil, que les Latins appellent l'arbre sec, leql est fort gros, & a ses fueilles blanches d'vn costé, & de l'autre verdes. Il ne porte aucū fruict fors de petites pōmettes de couleur de bouys, en forme de chastaigne. Ceste plaine de toutes parts s'estend en grand circuyt & distance, sans y trouuer aucun arbre. On dict qu'en ce lieu fut la bataille d'entre Alexandre le grand, & le Roy Daire. Tout le pays est depédent du royaulme de Timochaim, au moins ce qui est habité:

& est

LIVRE PREMIER.

& est fertile & abondant de plusieurs choses necessaires a la vie humaine, mesmement l'air y est salubre & temperé. Aussi y a de beaulx hommes, & encores de plusbelles femmes. Ilz viuent soubz l'obseruace de la loy & religion de Mahumet.

D'vn grand tyran qui a regné au pays, & de ses adherens.   Chap. XXVIII.

EN ce pays y a vne prouince appellée Mulete, en laquelle n'agueres regnoit vn meschant & cruel Seigneur, qu'ilz appelloiét le vieillard des montaignes, duquel on m'a dict & referé beaucoup de choses estráges, mesmement ce q̃ i'en diray cy apres, ie l'ay appris & entendu des habitans du pays qui me l'ont affermé & asseuré veritable. Ce seigneur auec tout le peuple à luy subiect, tenoit la peruerse loy de Mahumet. Vn iour il s'aduisa d'vne grande & indicible malice, Car il print a sa suyte grande compagnie de spadassins & gés abádónez, qu'ilz appellét vulgairemét Assasmes, par la grande audace & licence effrenée, desquelz, il faisoit meurdrir & tuer tous ceulx qu'il vouloit, en sorte qu'en peu de temps il fut crainct & redoubté de tous. Or pour y paruenir il feit la finesse & cautelle qui s'ensuyt. Il y a au pays vne vallée fort plaisante & delectable, enuirónée de toutes partz de haultes mótaignes. En icelle il feit planter & dresser vn beau &

Assasmes, Ie croy que de la viēt ce mot assasiner, qui signifie tuer & meurdrir. Et assasinateurs, qui sont volleurs et homicidiaires.

E

DES INDES ORIENTALES

grand iardin, plein d'arbres & de fleurs odoriferátes, fruictz sauoureux, & autres herbes verdoientes & recreatiues. Aussi feit bastir en ce iardin vn braue & sūptueux Palays contenant plusieurs mansions, le tout enrichy de peinctures singulieres, & y feit mettre toutes choses qui pouuoient seruir à la decoration d'iceluy. Brief sans en faire plus long recit, de toutes choses qui peuuent seruir a donner plaisir & volupté à l'homme, rien n'y deffailloit: mesmes y auoit petits ruysseaux decoulants eaue, miel, vin & laict, diuerses sortes d'instrumentz de musique, danses, bal, luictes, & autres ieux d'exercice, vestements precieux, & toutes choses pour donner delectation y estoient prestes & appareillées: desquelles les ieunes gés qu'il mettoit dedans ce iardin de plaisance pouuoient vser à leur desir & affection, & lesquelz ne faisoient autre chose que mener ceste vie heureuse, sans prendre aucune tristesse ne melancholie. A l'entrée duquel iardin y auoit vn fort chasteau bien equippé de gardes & munitions, par lequel seullement, & nō ailleurs, on pouuoit entrer ou sortir du iardin. Or ce vieillard des mōtaignes (le propre nom duquel estoit Alardin) auoit des ieunes gents fortz & robustes, promptz & hardiz à tout seruice, lesquelz il entretenoit & destinoit seullement pour executer ses malheureuses & detestables entreprinses, les faisant premierement instituer en la loy de Mahumet, d'autant qu'elle promet de grandes voluptez charnelles en l'autre mōde à ceulx qui l'obserueront, & garderont en leur vie. Et affin de les rendre plus obeiſſans & promptz à executer ſans peur, ne crainɉe toutes entreprinſes, il leur faiſoit, ou à aucũs d'eulx quand bon luy ſembloit, bailler certain breuuaige a boire, par le moyen duquel ilz eſtoient incõtinent troublez de leur eſperit, & venoient à dormir profondement, ce pendant il les faiſoit tranſporter en ce beau iardin de plaiſance, ouquel apres leur repoz finy qu'ilz ſe reueilloient, ſe voyans en ſi grás delices & plaiſirs, ſe eſtimoient eſtre rauyz & tranſmis en paradis, viure auec Mahumet leur legiſlateur, & ioyr plainement des ioyes qu'il leur à promiſes en ſa loy. Que diray-ie plus? Ilz eſtoient merueilleuſemẽt ayſes d'eſtre hors des miſeres du mõde, & deſia gouſter les plaiſirs de l'autre vie eternellement heureuſe. Mais apres y auoir eſté quelque peu de temps, ce vieillard leur faiſoit de rechef bailler de ce breuuaige pour les hebeter de leur ſens & endormir, puis les faiſoit mettre hors de ce paradis. Alors eulx retournans à leur bons ſens, & ayans ſouuenance des grandes ioyes & plaiſirs dont ilz auoient par cy peu de temps iouy, eſtoient merueilleuſement contriſtez & faſchez, qu'il ne leur auoit eſté loiſible d'en vſer à iamais, & ſoubzhaittoient la mort, à laquelle voluntairement ſe preſentoient, affin de viure à touſiours en ces delices que par cy peu de temps ilz auoient eſprouuées. Et lors ce vieillard tyran (qui leur faiſoit croire qu'il eſtoit prophete de Dieu) leur diſoit: Oyez moy mes enfans, & ne vous cõtriſtez, ſi vous eſtes preſtz & appareillez de ſouffrir la mort pour moy en obeyſſant à mon com-

E ij

DES INDES ORIENTALES

mandement quand le cas s'y offrira, ie vous asseure que serez participás des ioyes que puisnagueres auez veuës. Au moyen de quoy ces pauures malheureux reputoient la mort leur estre grand gain & proffit, & ne leur estoit enioinct chose si difficile & hazardeuse, que voluntairement ilz n'entreprinssent pour paruenir à ceste grande felicité & beatitude. Parquoy ce tyrá abusoit & s'aidoit de ces ieunes hómes hardyz & desesperez, pour executer infiniz meurdres & homicides, car ilz abádonnoient leur vie, & mesmes ne tenoient compte de mourir, & en telle sorte par le commandement du vieillard couroient & pilloient de tous costez, estans de tous crainctz & redoubtez, & sans que aucun osast resister à leurs entreprinses, en ce faisant aduenoit que de plusieurs endroictz les seigneurs estoient contrainctz se faire tributaires à luy.

Ruyne du tyran & de ses gës. Toutesfoys en l'an mil deux cens soixantedeux Allau Roy des Tartares vint asieger le chasteau de ce tyrá, affin de chasser & exterminer de son pays ceste dágereuse vermine. Et apres l'auoir poursuiuy par troys ans, finablement le print auec tous ses assasmes par famine, lors que tous les viures leur furent defailliz, lesquelz il feit mourir, & leur lieu & habitation totallement destruire & raser, en sorte qu'a present n'en reste plus que les vestiges de la ruine d'vn si beau lieu de plaisance.

De la cité de Sopurgam & de ses limites.
Chapitre XXIX.

SOrtans de ceste prouince, on entre en vne autre assez delectable, par ce qu'il y a coustaulx, campaigne & bons pasturaiges, & oultre grāde quantité de bōs fruictz, Car la terre y est fertile, & n'a indigéce d'aucune chose fors d'eaue, mais il fault cheminer vingtcinq ou trente lieues au parauant que trouuer quelque peu deaue: & si les passans ne portoient auec eulx leur eaue, ilz seroient en danger de souffrir grande soif, ce que aduient mesmes aux cheuaulx & bestail: pour ceste cause fault en grande diligence cheminer par ce pays, & mesmemét a l'endroict ou la terre est ainsi aride. Oultre ceste grande sechereſ se, le pays contient beaucoup de villes & bourgades, dont les habitans recongnoissent Mahumet. De la on viēt à la cité de Sopurgam, en laquelle on trouue gran de quantité de toutes sortes de viures, mesmement de melons, lesquelz ilz departent auec des filetz comme on faict les courges, & apres les auoir faict dessecher, les portent vendre es lieux circonuoysins qui en font grande estime, car ilz ont presque aussi grande doulceur comme le miel: il y a semblablement en ce pays belles chasses, tant de vennerie que faulconnerie pour les bestes & oyseaulx.

Pays fort sec & aride.

Sopurgā.

E iii

DES INDES ORIENTALES
De la cité de Balac. — Chap. XXX.

EN passant oultre, nous vinsmes en vne ville appellée Balac, laquelle estoit iadis grande & fameuse ayāt de sumptueux edifices de marbre, mais maintenant elle est destruicte & ruinée par les Tartares: ilz dient qu'en ceste ville Alexandre le grand espousa la fille du Roy d'Aire. Elle est limitrophe de Perse sur la coste de Septentrion, & si on part de là tirant entre Orient & Septentrion, on ne trouuera de deux iournées aucune maison ne habitation. Car les paysans sont si molestez & affligez par les brigans & larrons, qu'ilz sont contrainctz se retirer es montaignes pour leur refuge & seureté. On y trouue de l'eaue en assez grande abondance, semblablement grande quātité de bestes rousses & autres de chasse, mesmement des lyons. Ceulx qui vont par pays pour autant qu'ilz ne trouuent en chemin aucuns viures, sont contrainctz en porter & faire prouision pour le moins pour deux iournées.

Du royaume de Taiquam, & de ses limites.
Chapitre XXXI.

APres auoir cheminé ces deux iournées on rencōtre vn chasteau appellé Taiquam, ouquel y a grande abondance de froment, le pays est beau & fertile. Pres d'iceluy sur la coste de Midy y à

LIVRE PREMIER. 16

de grandes montaignes de sel si amples & spacieuses, qu'elles seroient suffisantes pour fournir de sel tout le monde, lequel sel est si dur, qu'il ne peut estre tiré des montaignes sinon auec marteaux & oustilz de fer. Et si on passe oultre en tirant entre Oriét & Septentrion, comme dict est, on trouuera à trois iournées de là vne ville appellée Scassem. Combien que par les chemins on trouue plusieurs autres bourgades. Tous les habitás de ce pays sont Mahumetistes, toutesfois ilz boiuent du vin (dốt le pays est autát fertile que de bledz) voire si excessiuement que tout le iour ne s'employét qu'a boire & yurongner. Leur vin est cuict & tresbon mais les hommes sont meschans, & de mauuaise nature, toutesfois ilz sont bons chasseurs: car au pays y a grande quantité de bestes sauuaiges, ilz vont communement tous la teste nue, fors les hommes qui ont vne petite cordelette ou lasset de longueur de dix ampans dont ilz lient & entourent leur teste, & des bestes sauuaiges qu'ilz prennent à la chasse, ilz font leurs vestémens, voire iusques aux chausses & souliers, & n'ont autre vesture.

Scassem.

Mahumetistes qui boyuết vins

De la cité de Scassem.   Chap. XXXII.

A cité de Scassem est assise en vne plaine, es enuirons de laquelle y a des mõtaignes ou sont plusieurs chasteaux. Au trauers d'icelle passe vn grand fleuue. En ce pays se trouue grande quantité de porcz espicz, la

Porcz espicz

DES INDES ORIENTALES

chaſſe deſquelz eſt dágereuſe, pource qu'ilz bleſſent le pluſſouuent de leurs poinctes & les hommes & les chiens: car quand les chaſſeurs ont delaſché ſur eulx leurs chiés, & qu'ilz viénét a les eſmouuoir & eſchauf fer, ilz cópoſent leurs eſchines en telle ſorte, que quád ce vient a approcher d'eulx ilz delaſchent & dardent leurs poinctes de telle veheméce, qu'ilz bleſſent gran dement les hommes, & les chiens qui ſe rencontrent a l'entour d'eulx. Les habitans ont leur langaige particulier, les bergers habitent es mótaignes, & n'ont au tres maiſons que les baſmes & creux des rochers. De la on viét en trois iournées à la prouince de Balaſcie, ſans que par les chemins on trouue aucune habitation. Parquoy pour y aller eſt neceſſaire porter auec ſoy des prouiſions pour viure.

De la prouince de Balaſcie. Chap. XXXIII.

Balaſcie eſt vne grande prouince, les habitans de laquelle ſont Mahumetiſtes, & ont langaige particulier. Les Roys du pays ſuccedent l'vn à l'autre par droictz d'heredité & ſucceſſion, & ſe diſent eſtre extraictz de la lignée d'Alexandre le grand. Le pays produict certaines pierres precieuſes de grand valeur, qui du nom d'icelluy ſont appellez balaſces, ou balays. Et n'y a au cun des habitans qui oſe (ſur peine d'auoir la teſte tré chée) tirer de terre, ne tranſporter hors du pays aucune de

Balaſces, ou balays.

LIVRE PREMIER.

ne de ces pierres precieuses, sans l'expres vouloir & permission du Roy du païs, auquel elles appartiennent, pour en disposer à son bō plaisir: au moyen de quoy les enuoye ou dōne à qui luy plaist. Aucunesfois les baille en payement de son tribut, autresfois les cháge pour de l'or & argét, & toutesfois il y a au pays si grāde quātité de ces pierres, que s'il estoit permis à vn chascun de les tirer de terre, & les transporter ou vendre, le Roy n'en retireroit aucun proffit, & si on n'en tiendroit compte. En ceste côtrée y a vne montaigne qui produict vne miniere, dōt lon faict le meilleur azur qui soit en tout le monde. Et se tire des mines comme on faict le fer: Semblablement on y trouue des mines d'argent. la region est bien froide. On y trouue grande quantité de bons cheuaulx, qui sont grands & legiers, & ont le quartier du pied si dur & fort, qu'ilz n'ont besoing d'estre ferrez, encores qu'ilz courent ordinairement par montaignes & lieux pierreux. Oultre ce le pays est fort cōmode pour la chasse & le vol. Aussi y a grande quātité de bestes sauluaiges: semblablement de bons faulcons. Il y croist grāde quantité de bledz, froment, orge, millet. Ilz n'ont aucunes oliues, mais ilz font leur huille de noix & de sosime. Les habitans ne craignent ancunement les estrangiers, car il seroit difficile d'entrer en armes dedás le pays, pour les passaiges qui sont si estroictz, que eulx mesmes n'en peuuent facilemēt sortir pour courir sus à leurs ennemys. Leurs villes & chasteaulx sont fortifiez par artifice & par nature. Ilz ont de bons ar-

Azur de mine.

Cheuaulx nō ferrez.

F

DES INDES ORIENTALES

chers & bons veneurs pour la chasse. Ilz sont habillez le plus communement de cuyrs. Les vestemés de laine ou de toille n'y peuuent estre apportez sans grans fraiz: toutesfois les femmes nobles y portent habillemens de lin & de cotton.

De la prouince de Bascie. Chap. XXXIIII.

A prouince de Bascie est à distance de celle de Balascie de dix iournées, & le pays y est fort chauld, au moyé dequoy les habitás sont noirs, toutesfois sont mauuais & cauteleux, ilz ont langaige particulier, & portét aux oreilles des perles & autres petitz ioyaulx d'or & d'argent, ilz viuent de chair & de riz, & sont grandz idolatres, s'appliquans aux enchantemens & inuocations des malings esperitz.

De la prouince de Chesimur. Chap. XXXV.

Hesimur est distante de Bascie enuiron sept iournées. Les habitans ont langaige apart, & sont grandz idolatres faisans leurs requestes, & prieres aux idoles, desquelles ilz ont response. Semblablemét ilz font par art diabolique troubler l'air & remplir de brouillardz quát bon leur semble: ilz sont gens bruns tirans sur le noir,

car la region est assez temperée, ilz viuent de chair & de riz, & toutesfois sõt fort maigres, ilz ont beaucoup de villes & bourgades, leur Roy n'est tributaire à aucun, aussi ilz ne craignent personne, car ilz sont enuironnez de desertz, en sorte qu'il est difficile de les assaillir. En ceste prouince y a certains hermites qui habitent en monasteres, & petites cellules, esquelles ilz seruent & honnorent leurs idoles, viuans en grande abstinence de boire & de manger, & soubz telle religion reuerent & adorent leurs faulx dieux, auec grandissime crainte de les offenser, pour n'accõplir leurs commandemens: qui est cause que le peuple les a en grand honneur & recommendation.

Moynes idolatres.

De la prouince Vocam, & des haultes montaignes d'icelle. Chap. XXXVI.

SI ie voulois continuer le premier chemin, ie rentrerois es Indes, mais pource que iay determiné en faire la description au troisiesme liure, a present ie prendray autre chemin, & à ceste fin retourneray à la ville de Balascie, de laquelle reprendray le chemin tirant entre la coste Septentrionale & L'orientale. Par lequel chemin continuãt deux iournées on paruient a vne riuiere, a lentour de laquelle y a plusieurs chasteaux & villaiges, Les habitãs du pays sont de bonne nature, & neantmoins belliqueux, & adextres aux armes, & tiennent la loy Mahumetique.

F ij

DES INDES ORIENTALES

Vocam. Oultre à deux autres iournées dela on paruient à vne prouince appellée Vocam, qui est subiecte au Roy de Balascie, laquelle côtient en longueur, & largeur trois iournées. Les habitás ont langaige particulier, & sont Mahumetistes, sont aussi bien adextres aux armes, & à la chasse: car le pays est abondant en bestes sauuaiges. Partant de ce lieu, si tu prens le chemin vers Orient, te conuiendra monter par trois iournées, iusques à ce *Mōtaigne fort haulte* que paruiennes à vne si haulte montaigne, qu'en tout le monde ne s'en trouue point de telle haulteur. Semblablement en ce lieu se trouue entre deux montaignes vne grande plaine, au mylieu de laquelle passe vne belle riuiere qui rend le lieu fort delectable & cômode pour les pasturaiges, en sorte qu'vn cheual ou beuf tant maigre soit il, y peult estre refaict & remis en gresse en moins de dix iours. Aussi y a grâde quantité de bestes sauuaiges, mesmement on y trouue de grandz moutons sauuaiges ayans grandes & longues cornes, desquelles on faict diuerses sortes de vases. Ce- *Pamer.* ste plaine est appellée Pamer, & contient en longueur douze iournées de chemin: & si tu voulois passer oultre, se presenteroit vn pays desert ouquel n'y a aucune habitation humaine, ny mesmes aucune herbe verdoyâte: & sont côtrainctz ceulx q y passent de porter ce qui leur est necessaire pour leur viure, car mesmes on n'y trouue aucun oyseau tant pour la grande froidure, que pour l'exaucemét de la terre de toutes partz descouuerte, en sorte qu'elle ne produict aucun pasturaige pour le bestail: & si on y allume du feu, il ne se-

LIVRE PREMIER.

ra de telle lumiere ne de telle efficace en son actiō, obstant la grande froidure du pays, cōme es autres lieux plus bas. En passant oultre & tirant entre l'Orient & Septentrion, on chemine par mōtaignes, coustaulx & vallées ou lon trouue plusieurs riuieres, toutesfois n'y a aucune maison ne habitatiō humaine, ny aucunes herbes, & s'appelle ceste regiō Belor, laqlle en tout téps porte figure & face de l'hyuer, & continue en ceste triste superficie la distance de quarante iournées de chemin, pendant lesquelles il est necessaire de porter auec soy bonne prouision de viures afin d'y passer seurement: toutesfois on descouure en aucuns endroictz quelques maisonnettes & habitations d'hommes, sur les crouppes des plus haultes montaignes, mais les habitans d'icelle sont meschantz tout oultre, & cruelz, adonnez à l'idolatrie, qui ne viuent que de proye & chasse, & sont vestuz de peaulx de bestes sauuaiges. *Le desert de Belor.*

De la prouince de Cassar. Chap. XXXVII.

EN cōtinuant ce chemin on viét à la prouince de Cassar, laqlle est tributaire au grand Cham. En icelle y a vignes, iardins, arbres fructiers, cottons, & terres labourables: les habitans ont langaige particulier & different des autres: sont communemét marchandz & artisans, qui courent & traffiquent par toute la prouince pour gaigner & proffiter: ilz sont tant affectionnez à acquerir richesses, qu'ilz n'osent à *Marchans auares.*

F iii

peine méger de ce qu'ilz ont gaigné & acquis, ilz sont subiectz à la loy Mahumetique. Combien qu'il s'y trouue quelques Chrestiens Nestorians, qui ont des Eglises particulieres, & contient ceste prouince cinq iournées d'estendue.

De la cité de Samarcham, & du miracle de la colomne, faict en vn temple des Chrestiens.
Chapitre XXXVIII.

LA cité de Samarchá est belle & grande, & la principale du pays, tributaire au nepueu du grand Cham. En icelle habitent indifferément les Chrestiés, & les Sarrazins mahumetistes, mais puisnagueres y est aduenu par la volunté diuine vne chose grandement miraculeuse, C'est que le frere du grand Cham (nommé Cigatai) estant gouuerneur de ceste prouince à la persuasion des Chrestiens print le sacrement de baptesme, Dont les Chrestiens fort ioyeulx, pour aucunement luy congratuler, firent bastir en sa faueur vn beau temple & sumptueux, en la ville de Samarcham, & iceluy dedier en l'hóneur de sainct Iehan Baptiste. Or les manouuriers l'auoient si ingenieusement basty & composé, que toute la voulte d'iceluy estoit soustenue par vne colonne de marbre qui estoit assise au mylieu du temple : les Sarrazins du lieu auoient vne grande pierre qui estoit totalement propre & commode pour seruir de base à soustenir la

Cigatai.

colône, les Chrestiens ayans la faueur du prince prennent ceste pierre, & la font asseoir au fondement de la colomne, dont les Sarrazins furent faschez, toutesfois dissimulerent, car ilz n'en osoient parler, au moyen que le price l'auoit permis & accordé aux Chrestiés. Il aduient que certain temps apres ce prince deceda, au lieu duquel succeda son filz au royaulme, & non pas en la foy, car il fut Mahumetiste. Lors les Sarrazins obtindrent de luy que les Chrestiens fussent cótrainctz de leur rendre & restituer la pierre qui estoit asise dessoubz la colonne. Et combien que les Chrestiens leur fissent offre de grande somme de deniers trop plus que suffisante pour la valeur de la pierre, Neantmoins les Sarrazins malicieusement persisterét, qu'ilz ne vouloient autre chose que leur pierre, ce quilz faisoient captieusement, & de propos deliberé, afin que ladicte pierre ostée, tout le temple des Chrestiens qui n'estoit soustenu que de la colomne susdicte tóbast par terre, & fust destruict & ruiné. Les Chrestiens voyans qu'ilz ne pouuoient autrement remedier ne resister au vouloir du Prince, ne sceurent que faire sinon auoir recours à Dieu, & à sainct Iehan Baptiste, lesquelz à grandz pleurs, gemissemens & lamentations, ilz commencerent a inuoquer a leur ayde. Et aduenant le iour que la pierre debuoit estre tirée de dessoubz la colomne, & par mesme moyen le temple ruiné, il aduint par le vouloir de Dieu autrement que les infideles Sarrazins n'esperoient: car la colomne se trouua tellement esleuée par dessus son base, qu'il y

Chose miraculeuse.

auoit pres d'vn pied de diſtance entre deux, en ſorte que la colonne ne portoit plus la voulte, mais au contraire, la voulte portoit & tenoit pendent en l'air la colonne. Ce qu'on y voit encores a preſent.

De la prouince de Carcham.   Chap. XXXIX.

EN paſſant oultre Samarcham apres auoir cheminé enuiron cinq iournées on viét en la prouince de Carcham, laquelle eſt copieuſe & abódante de toutes ſortes de viures, & eſt ſemblablemét ſubiecte au nepueu du grand Cham. Les habitás d'icelle ſont Mahumetiſtes, combien qu'auec eulx demeurent aucuns Chreſtiens Neſtorians.

De la prouince de Cottam.   Chap. XL.

PRes d'icelle on rencontre ſubſecutiuemét la prouince de Cottam, ſituée entre l'orient & Septétrion, qui eſt auſſi ſubiecte au nepueu du grand Cham. Elle contient pluſieurs villes & bourgades, dont la principalle & plus fameuſe s'appelle Cottam. Le pays s'eſtend en longueur dix iournées, & n'y a deffault d'aucune choſe neceſſaire pour la vie humaine. Ilz ont grande quantité de vers a ſoye, ſemblablement de bonnes vignes & beaucoup, mais les
hommes

hommes sont timides & pusillanimes: toutesfois bōs artisans & negotiateurs, recongnoissans la loy de Mahumet.

De la prouince de Peim. Chap. XLI.

Yans passé ceste prouince, s'en presente vne autre appellée Peim, qui contient dix iournées d'estendue en longueur, laquelle est subiecte au grand Cham. En icelle y a plusieurs villes & chasteaux, dont la plus fameuse & apparente s'appelle Peim, au pres de laquelle passe vn fleuue, ou lon trouue des pierres precieuses, mesmement iaspes & Cassidoines. Les habitās sont Mahumetistes, fort bōs artisans & negotiateurs: aussi ont grande abondance de soyes, & de viures. Il y a vne coustume au pays, que quand vn mary pour quelque cause s'absente & va en autre lieu, sans retourner en sa maison dedans le vingtiesme iour, il est loisible & permis à sa femme le delaisser, & prēdre vn autre mary. Le semblable est permis au mary apres qu'il sera retourné, de contracter (sans offense) mariage auec vne autre femme.

Iaspes. Cassidoines.

Estrange coustume.

De la prouince de Ciartiam. Chap. XLII.

Pres on vient à la prouince de Ciartiam, qui est soubz la dominatiō du grand Cham, & contient plusieurs villes & chasteaux, desquelles la principalle & qui dōne denominatiō au païs s'appelle Ciartiam. On y trouue

G

es fleuues & riuieres plusieurs pierres precieuses, mesmement iaspes & casidoines, lesquelles sont trásportées par les marchás en la prouince de Cathai. Le païs de Ciarthiam est fort sablõneux, auquel y a plusieurs sources d'eaues ameres, qui est cause de rédre la terre maigre & sterile. Quand vne armée estrangere passe par ceste prouince, tous les habitás d'icelle auec leurs femmes, enfans, famille, bestail & autres meubles s'en fuyent & retirent en vne autre contrée voysine, ou ilz trouuent de bõnes eaues & pasturaiges: & y font leur sciour iusques à ce que toute l'armée de leurs ennemys soit passée. Et quand ilz fuyent ainsi deuát leurs ennemys, le vent efface tellemét l'impression de leurs piedz & vestiges à cause que le pays est sablonneux, qu'il est impossible de les suyure à la trace. Mais si l'armée des Tartares y passe, attendu qu'ilz sont en leur subiectiõ & obeissance, ilz ne s'en fuyent point, ains seullemét destournét leur bestail, au moyen que les Tartares ne payent rien de leurs viures, quand ilz marchent par pays en armes. Sortant de ceste prouince cõuient pieter le sablon l'espace de cinq iournées, ou lon ne trouue que bien peu d'eaue qui ne soit amere, & iusques à ce qu'on vienne à vne ville appellée Lop. Et fault noter que toutes les prouinces cy dessus declairées, assauoir Cuscar, Carcham, Cottam, Peim, & Ciartiam, iusques à la ville de Lop, sont situées & asignées au dedans des limites de la grande Turquie.

De la cité de Lop, & du grand desert.
Chapitre XLIII.

A cité de Lop est ample & spacieuse, située à l'entrée d'vn grãd desert entre Orient & Septentrion, les habitãs sont Mahumetistes. Quand les marchandz estrangers veullent passer ce desert, ilz font leurs prouisiõs de toutes choses necessaires en la ville de Lop, ou ilz seiournent quelque tẽps pour ce faire, mesmement leur conuient recouurer de puissans asnes & chameaulx, lesquelz ilz chargét de viures, & choses necessaires pour le chemin. Et quád emmy le desert les viures leur cõmencent à deffaillir, ilz tuent leurs asnes, ou les delaissent par les chemins, pour ce qu'ilz ne peuuent recouurer aucuns fourrages à suffire pour les nourrir iusques a la fin du desert, mais gardent plus volũtiers les chameaulx, d'autãt qu'ilz ne sont pas de si grãde nourriture, & neantmoins portent de plus gros fardeaux. On trouue aucunesfois en ce grand desert des eaues ameres, mais le plussouuent s'en trouue de doulces, & n'est gueres iournée (combiẽ qu'a peine il puisse estre passé en trente iournées) que lon ne trouue quelque peu d'eaue fresche, ie diz peu, car quelque fois ne s'en trouue à suffire pour rassasier vne compaignie de marchands qui y passera. Ce desert est fort montueux, & quãd on vient à entrer en la plaine, on ne trouue que sablons, il est entieremét sterile & desplaisant, & ne s'y

Descriptiõ du desert de Lop.

G ii

DES INDES ORIENTALES

trouue aucune habitation d'hommes ne beſtes, d'autant qu'il ne produict aucunes herbes ne paſturaiges. C'eſt choſe admirable qu'en ce deſert on voit & oyt de iour, & le plus ſouuent de nuict diuerſes illuſions & fantoſmes de malings eſpritz, au moyen dequoy eſt beſoing à ceulx qui y paſſent ſur tout ſe dōner garde d'eſlongner la trouppe, & s'eſcarter de la cōpaignie, autrement à cauſe des montaignes & couſtaulx ilz perdroient incontinent la veuë de leurs cōpaignons, & ſeroit bien difficile de les attaindre, meſmement qu'on oyt des voix de malings eſpritz, qui s'adreſſent à ceulx qui ſe ſont ainſi diſtraictz & ſeparez de leur compaignie, & les appellent par leurs propres noms, faignans la voix d'aucuns de la trouppe, & par ce moyen les deſtournent & diuertiſſent de leur vray chemin, & les meinent à perdition, tellement qu'on ne ſçait qu'ilz deuiennent. On oyt auſsi quelquefois en l'air des ſons & accords d'inſtrumétz de muſique, & le pluſſouuét de bedons & tabourins. Et pour ceſte cauſe ce deſert eſt fort dágereux & perilleux à paſſer.

illuſiōs de malings eſpritz.

De la cité de Sachion, & forme de leurs funerailles. Chap. XLIIII.

LE deſert paſſé on vient à la cité de Sachion, qui eſt ſituée à l'entrée de la grande prouince de Tanguth, ou les habitás ſont preſque tous Mahumetiſtes, & y à bien peu de Chreſtiens entre eulx, encores ſont Neſtorians.

Semblablement on y trouue beaucoup d'idolatres, qui ont leur langaige particulier. Les habitás de ceste cité ne se meslent d'aucune traffique de marchandises, & seulement viuent des fruictz de la terre. Il y a ausi en la ville de Sachion plusieurs monasteres dediez à diuers idoles, ausquelz on faict de grans sacrifices & oblations, & à telz idoles diaboliques le pauure peuple infidele porte reuerence incroyable: Car quand à quelcun naist vn enfant masle, le pere incontinent le recommande à vn de leurs idoles, en l'honneur duquel deslors il nourrist en sa maison vn mouton, puis apres & l'an reuolu du iour de la natiuité de l'enfant à la prochaine feste de l'idole, il presente auec grandes ceremonies & reuerences ce mouton auec son enfant à l'idole, puis apres ayant tué & sacrifié le mouton, il le faict cuyre, & de rechef faict ses offrandes de la chair cuyte à l'idole, deuant lequel elles demeurent pendues, iusques à ce que leurs iniques prieres & oraisons qu'ilz ont selon leur mode, accoustumé marmonner, soient dictes & finies. Et principalement le pere prie instammét l'idole d'auoir son filz en specialle recommendation, & le conseruer soubz sa garde & protection. Les prieres finies ilz prennent les chairs immolées & sacrifiées, lesquelles ilz portent en certain autre lieu, ou tous les parés s'assemblent, & auec grande deuotion & solennité, mégent ces chairs. Et au regard des os, les gardent soigneusement en certain vaisseau propre & conuenable. Quát aux sepultures & funerailles des trespassez, ilz vsent d'autres ce-

Idolatrie abominable.

Forme de faire funerailles.

G iii

remonies: les proches parens donnent ordre de faire bruſler les corps des deffunctz en ceſte maniere: Premierement ilz demandent aux aſtrologues quand il eſt beſoing iecter le corps mort au feu. Leſquelz s'enquierent de l'an, du moys, du iour, & de l'heure que aura eſté né le deffunct, & ſur ce ayans conſideré ſa conſtellation, ilz declairent le iour qu'il les conuiendra bruſler, les autres gardét en leurs maiſons le corps mort, aucuneſfois ſept iours, aucuneſfois vn moys, quelque fois demy an. L'ayans enclos en vn coffre, ou biere ſi ingenieuſemét ioincte & aſſemblée, qu'il n'en peult ſortir ne exhaller aucune mauuaiſe odeur, meſmes ilz embaſment le corps d'eſpices aromatiques, & font peindre elegamment la biere, puis la couurent d'vn drap precieux, & par chaſcun iour qu'ilz tiennent le corps mort en leur maiſon, ilz font à l'heure du diſner preparer vne table au pres la biere, laquelle ilz font garnir de vins & viandes par l'eſpace d'vne heure, eſtimans que l'ame du deffunct prend ſa refection des choſes appoſées ſur la table. Et quád il fault oſter le corps pour le porter au feu, ilz demandent cõſeil aux aſtrologues par quel endroit ilz le doibuent mettre hors la maiſon. Car s'il y a quelque porte en la maiſon, qui des ſon commencement n'ayt eſté conſtruicte auec ſa deſtinée heureuſe ſelõ leur mode, ilz le cõgnoiſſent, & declairent incõtinent qu'elle n'eſt pas ſuffiſante ne idoine, par laquelle on doibue paſſer le corps mort, mais les aduertiſſent du lieu plus cõmode, ou cõmandent faire vne autre porte & ouuer-

marginalia: Astrologues.

ture en la muraille. Et lors que le cadaure est porté par la ville, ilz font dresser par certains endroiz des tentes & pauillons couuertz de draps d'or & de soye, ou autres choses selon les facultez du defunct. Et quand on vient à passer par deuāt, ilz respédent en terre du vin & viandes delicates, ayans ceste folle persuasion que le defunct en l'autre monde sera grandement resiouy de telles choses. Oultre font cheminer deuāt le corps plusieurs menestriers iouans de diuerses sortes d'instrumentz de musique en grande doulceur & harmonie. Et quād ilz sont venuz au lieu destiné pour le brusler, ilz escripuent & peignent sur du papier & petites tablettes des figures d'hommes & femmes, ensemble de plusieurs deniers & richesses, lesquelles ilz font brusler auec le corps, & dient que le defunct aura en l'autre monde autant de seruiteurs,& chambrieres, de bestail, deniers, & richesses, cóme on en aura faict brusler auec luy en peincture, & que en telles richesses & hōneurs il viura eternellement. Ceste damnable coustume & superstition est obseruée quasi par tous les Payens orientaulx quand ilz font brusler les corps mortz.

Estranges ceremonies en sepultures.

De la prouince de Camul. Chap. XLV.

Amul est enclose audedans la grande prouince de Tanguth, & est subiecte à l'Empire du grand Cham. Elle contient plusieurs citez & bourgades, & se ioinct de deux costez à deux deserts : asçauoir le grand de-

DES INDES ORIENTALES

sert duquel auons cy dessus parlé, & vn autre qui est moindre. Le pays est assez fertile & abondant en toutes choses necessaires pour la vie humaine. Les habitans ont langaige particulier, & semble qu'ilz ne sont nez, sinon pour eulx employer aux ieux, danses & esbatemens. Ilz sont grans idolatres, fort adõnez au seruice des malings espritz, par la persuasion desquelz ilz obseruent telle coustume, que si aucun viateur passant par le pays s'arreste pour loger en la maison d'aucun d'entre eulx, incõtinent le chef de la maison le reçoit à grand ioye, & commáde à sa femme, seruiteurs, & famille, luy faire bonne chere, & luy obeir en toutes choses tant & si longuement qu'il vouldra seiourner en leur maison, puis se depart & ne retournera en son logis tant que son hoste en soit party, & ce pendãt la femme obeist en toutes choses à cest hoste comme à son propre mary. Or les femmes du pays sont fort belles, & leurs mariz sont tellemét abusez par leurs dieux qu'ilz estiment vne chose digne de gloire & louenge de prostituer & abandonner leurs femmes aux estrangiers passans par le pays. Mais du temps que le grand Cham Mõguth regnoit sur toute la Tartarie, apres auoir entédu ceste grande folie du peuple de Camul, leur manda qu'ilz n'eussent plus à obseruer & garder ceste coustume infame & deshonneste, mais plustost à conseruer la pudicité de leurs femmes & n'en faire des hostelleries publiques, pour receuoir tous passans & viateurs, & que leur prouince ne fust plus infectée de si grande turpitude & infamie, dont les dessusdictz

Hospitalité admirable.

Monguth grãt Chã.

LIVRE PREMIER.

dictz habitans de Camul ayans receu le mandement & vouloir de leur prince, furent grandement faschez & contristez, & par prieres, ambassades, & grands presens importunerent tellement le grand Cham qu'il reuoqua son edict, luy faisans remonstrer qu'ilz auoiét ceste tradition & coustume de leurs predecesseurs inuiolablement obseruée & continuée: d'auátage qu'ilz s'asseuroient que par telle hospitalité & graciouseté qu'ilz faisoient aux viateurs, ilz acqueroient la grace & bienueillance de leurs dieux, en sorte qu'ilz s'aperceuoiét leurs terres & possesiõs en prosperer, & estre plus fertiles. A ceste cause le Roy Mõguth ouyes leurs complainctes & remonstráces, leur accorda ce qu'ilz demandoient, en reuoquant son edict, & leur manda telles lettres en substance. Pourtant qu'il me touchoit *Lettres du* *grád Chã.*
» ie vous auois mádé de supprimer ceste coustume de-
» testable, & dont en tout le monde n'est mention de
» semblable. Mais puis que reputez à honneur vice, in-
» iure, & infamie, ayez entre vous ceste infamie comme
» vous la desirez. Ces nouuelles auec lettres derogatoires au premier mandement furent receues à grande ioye & festiuité par tout ce peuple, lequel encores ce iourdhuy garde & obserue ceste coustume.

De la prouince de Chinchintalas. Chapitre XLVI.

Vltre Camul, on vient en la prouince de Chinchintalas, laquelle du costé de Septétrion ioinct à vn desert, & contient en longueur six iournées, elle est bien peuplée de

Citez & Chasteaux soubz la dition & seigneurie du grand Cham. Les habitans sont diuisez en trois sortes, aucuns & bien peu, recongnoissent la foy Chrestienne, & sont Nestoriás: autres sont Mahumetistes, les autres adorent les idoles. En ceste prouince y a vne montaigne, en laquelle on trouue des mines d'acier & de bronze. Semblablement s'y trouuent des Sallemádres, desquelles par artifice ilz font du drap de telle proprieté, que s'il est ietté au feu il ne bruslera point: & se faict tel drap auec de la terre en ceste maniere, comme ie l'ay aprins d'vn de mes cõpaignons nommé Cursicar, natif de Turquie, homme ingenieux & de grande industrie, & qui auoit la charge & superintendence des minieres du pays. On trouue en ceste montaigne vne certaine mine de terre entremeslée de petitz filetz en forme de laine, laquelle ilz font dessecher au soleil, puis la broyent en vn mortier de cuyure, & la lauent afin que toute la terrestreité en sorte hors, & que les filetz par tel moyen soient purgez & nettoyez de toute immundicité: en apres les filent ainsi qu'on faict la laine. & en font des draps, & quand ilz les veulent blanchir les iettent dedans vn grand feu par l'espace d'vne heure, puis les en retirent plus blancz q̃ la neige sans estre aucunemét endommagez, & en ceste maniere les nettoient & reblanchissent quand ilz sont salles & tachez, & ne leur fault autre lessiue que le feu. Ie ne veulx point en cecy parler de la Sallemandre qui est vne espece de serpent ou lezard, qu'on dict viure dedans le feu: car de cest animal ie n'ay peu trouuer

Sallemandres.

Drap qui se blãchist au feu.

LIVRE PREMIER.

ne defcouurir aucune chofe certaine en tout le pays d'Orient. Ilz dient à Rome auoir vne nappe faicte de Sallemandre, en laquelle ilz gardent le fainct Suaire de noftre Seigneur, & q̃ autresfois elle à efte enuoyée par vn Roy des Tartares au Pape Romain.

De la prouince de Suchur.
Chap. XLVII.

Elaiffans cefte prouince de Chinchintalas derriere, & tirans vers Oriét, on trouue vn chemin fafcheux & qui fe continue par dix iournées entieres, fans rencontrer maifon ne habitation, qu'en peu de lieux, mais iceluy paffé on entre en la prouince de Suchur laquelle eft bien peuplée de villages & bourgades, dont la principale ville eft appellee Suchur, qui baille denomination à toute la prouince. On y trouue bien peu de Chreftiens, car les habitans font prefque tous idolatres, & font fubiectz & tributaires au grand Cham: ilz ne fe meflent point de traffiques, mais viuent feulement des fruictz de la terre. En toutes les montaignes du pays fe trouue quantité de la racine appellée Rheubarbe, laquelle extraicte d'icelles montaignes, eft tranfportée en diuerfes regions par les marchandz.

Rheubarbe

H ii

DES INDES ORIENTALES
De la cité de Campition. Chap. XLVIII.

LA cité de Campition est grande & fameuse, & la principale de la prouince de Tanguth : En icelle habitent Chrestiens, Mahumetistes, & idolatres, mais les idolatres ont plusieurs monasteres esquelz ilz adorét & font sacrifices à leurs idoles qui sont faictz, ou de pierre, ou de bois, ou de terre, & dorez par dessus. Les aucuns d'iceulx idoles sont si grans qu'ilz contiennent dix pas en longueur, & sont couchez & renuersez par terre, comme s'ilz reposoient: aupres desquelz y en a d'autres petitz prosternez comme pour faire honneur & reuerence aux grandz. Ces idoles ont aussi leurs prestres & religieux particuliers, qu'on estime viure plus honnestement & sainctement que les autres : car les aucuns obseruent chasteté, & soigneusement se gardent d'enfraindre & transgresser la loy de leurs dieux. Ilz cóptent le cours de l'année par les lunes, & n'ont autres mois ne sepmaines que selon le cours de la lune: en chacune lune ilz obseruent & festent cinq iours continuelz, pendant lesquelz ilz ne tuét aucune beste ne oyseau, & ne mangent chair, mais viuent plus sobrement & honnestement que es autres iours. Les idolatres de la ville de Campition ont telle coustume q̃ chacun d'eulx peult auoir en mariage trente femmes, voire plus si tant en peut nourrir, toutesfois la premiere espousée sera tousiours estimée la plus digne & plus legitime. Le mary

Façon d'asseoir idoles

Moynes idolatres.

Mariages des prestres idolatres.

ne reçoit aucun dot de sa femme en faueur de mariage, mais au côtraire luy baille & assigne dot & auácemét pour l'auoir en mariage, ou en bestail, ou en seruiteurs, ou argét selon sa puissance & faculté. Si la femme est odieuse,& qu'il la desdaigne,il luy est loysible la repudier à son plaisir & vouloir. Aussi prennent à femmes de leurs parentes iusques au second degré, mesmes leurs belles meres, & plusieurs autres choses leur sont loysibles & permises que par deça nous reputons à grand peché & offense, ilz viuent en plusieurs choses quasi comme bestes, ce que ie puis bié asseurer pour auoir cógneu leurs meurs & manieres de viure: car i'ay demouré en ceste ville de Campition auec mon pere & mon oncle l'espace d'vn an entier pour aucuns affaires. *Repudiation permise.*

De la cité d'Ezine, & d'vn autre grand desert.
　　Chapitre　　XLIX.

DE la cité de Cápition y a douze iournées iusques à la ville d'Ezine, qui est contigue du costé de Septentrion a vn grand desert sablonneux. En ce pays y a gráde quátité de chameaux, & autre bestail, & oyseaux de toutes sortes, mais les habitás sont idolatres, viuantz de leur reuenu, & des fruictz de la terre, sans aucunement se mesler de marchandise. Toutesfois ceulx qui veulent passer le grand desert qui tire vers Septentrion, sont

H. iii

contrainctz faire leurs preparatifz en ceste ville d'E-
zine: car ce desert dure bien quaráte iournées au parauant qu'il soit pasé. Et ne se trouue en icelluy aucune herbe verde ne habitation, sinon en quelques coustaulx & vallées, ou bien peu de gés se retirent en téps
d'esté, & en quelques endroitz on trouue des bestes
sauluaiges: mesmement des asnes sauluaiges qu'on y
voyt à grands trouppeaulx. Toutes lesquelles villes
& prouinces sont & dependent de la grande prouince de Tanguth.

Desert d'Ezine.

De la cité de Carocoram, & de l'origine de la sei-
gneurie des Tartares. Chap. L.

Yans passé ce grand desert, on vient à
la cité de Carocorá, qui est située sur
la coste de Septentrion, de laquelle à
pris source & origine la premiere domination & seigneurie des Tartares:
Car des leur cómencement, & au parauant que d'eux
on eust aucune congnoissance, ilz habitoient es campaignes de ceste contrée, n'ayans villes ne bourgades,
mais seulement cherchans les pasturaiges & riuieres
pour nourrir leur bestail, & n'auoient aucun chéf ne
capitaine de leur natió, mais estoient tributaires à vn
grand Roy & seigneur nommé Vncham, lequel auiourdhuy on appelle vulgairemét Presteian. Or eulx
venás à croistre & multiplier de iour en iour, ce Roy
Vnchan voyát que leur puissance excedoit la sienne,

Vncham, autrement Preste-ian

commença à craindre qu'ilz ne se fortifiassent contre luy, & veinssent à se rebeller. Au moyen dequoy afin de diminuer leur puissance, s'aduisa qu'il seroit tres-expedient & à son grand aduantage de les diuiser & separer, & enuoyer prendre nouuelles habitations en diuerses contrées. Ce que il s'efforça faire, mais ilz ne voulurent permettre d'estre ainsi rōpuz & desassem-blez, mais au contraire se retirerent ensemblement en vn desert prochain & sur la coste de Septentrion, ou ilz occuperent grand pays, viuans en seureté, & sans crainéte de leur Roy, auquel deslors & depuis refuse-rent payer aucun tribut.

Les Tartares eslisent vn Roy d'entre eulx, & de la guerre qu'il eut contre Vncham.
Chapitre LI.

Peu de temps apres les Tartares d'vn commun accord & consentement esleurent pour leur chef & Roy, vn hō-me d'entre eulx qu'ilz iugerent estre le plus prudēt & saige, nommé Chin-chis. Ce fut en l'an de nostre Seigneur, Mil cent qua-trevingtz & sept, auquel ilz baillerent la couronne royalle, & de toutes partz s'assemblerét vers luy pour luy presenter leur obeissance & subiection auec pro-messe de fidelité. Or luy qui estoit homme de grāde prudence, sceut si bien & discrettemét gouuerner ses subiectz, qu'en peu de temps conquist huict prouin-

Chinchis premier Roy des Tartares, Alias Cingkis ex Munst.

ces, qu'il annexa à son royaulme. Et quand il prenoit quelque ville ou chasteau, iamais ne permettoit tuer aucun, ne le spolier de ses biens, qui voluntairement se fust rendu & submis à sa subiectiõ, ou qui luy eust donné cõfort & ayde à subiuguer les autres citez, par quoy vsant de telle humanité, se feit aymer & priser de tous. Donc se voyant desia esleué en si grãde gloire & puissance, enuoya ses ambassadeurs vers le Roy Vncham, auquel au parauant il auoit esté tributaire, pour luy demãder sa fille en mariage. Ce que le Roy Vncham prenant à grande iniure, leur auroit par indignation respondu, i'aymerois mieulx auoir faict brusler ma fille, que l'auoir mariée à mon seruiteur. Et en dechassant les ambassadeurs de Chinchis, leur dist: Dictes à vostre maistre, Pource que tu es paruenu à si grãd orgueil & presumption, que tu as osé entreprendre de demander à femme la fille de ton seigneur, pour empescher que tu ne ioysse de tes desirs, ie la feray mourir de male mort.

De la victoire des Tartares contre le Roy Vncham. Chap. LII.

Yant le Roy Chinchis entẽdu l'oultrageuse respõse du Roy Vncham, duquel il estoit ainsi mesprisé, assembla ses forces, & feit marcher son armée cõtre luy, en deliberation de se venger de tel oultrage, & vint asseoir
son

LIVRE PREMIER. 33

son camp en vne gráde plaine appellée Tanduc, puis *Tanduc.*
enuoya ses heraulx vers le Roy Vnchá luy denócer
la guerre mortelle, & qu'il eust à se defendre, lequel
ausi de sa part assembla gráde armée, auec laquelle il
se mist en la cápaigne & vint camper au plus pres du
cáp de ses ennemis. Lors Chinchis Roy des Tartares
commanda à ses enchanteurs, & astrologues, de luy *Enchan-*
declairer quel euenement il deuoit auoir de la batail- *teurs.*
le, lesquelz prindrent vne canne ou rouseau, qu'ilz di
uiserent en deux moytiez de sa longueur, & misrent
les deux pieces en terre, l'vne desquelles ilz nomme-
rent Chinchis, & lautre Vncham, & dirent au Roy:
Ce pendant que nous lirons les inuocations de noz
dieux, il aduiédra par leur vouloir & permission, que
ces deux verges de canne se batailleront l'vne contre
l'autre, & celle qui viendra à surmonter l'autre, & se
mettre dessus, le Roy duquel elle porte le nom, gai-
gnera la bataille & obtiendra victoire. Estant donc le
peuple assemblé pour veoir le spectacle des deux ver *Spectacle*
ges, les astrologues commencerent à faire leurs inuo- *de deux*
cations, & lire leurs enchantemens, Et lors s'esbranle- *verges de*
rent soubdainement les deux parties de la ronce, se *Canne.*
heurtans l'vne contre l'autre iusques à ce que finablement celle qui tenoit le nom & party de Chinchis,
monta dessus celle du Roy Vncham: duquel spectac-
cle les Tartares furent fort ioyeux, s'asseurans de la victoire future. Trois iours apres fut donnée la bataille,
qui fut cruelle, & furent tuez en icelle plusieurs personnes d'vne part & d'autre. Toutesfois à la fin Chin-

I

DES INDES ORIENTALES

Victoire de Chinchis.

chis eut le champ & demoura victorieux. Au moyen de laquelle victoire il subiuga entierement le royaulme de Vncham, & le rendit tributaire. Apres la mort de Vncham, Chinchis regna seulemét par six ans, pendant lesquelz il conquist plusieurs prouinces, mais estant deuant vn chasteau qu'il tenoit asiegé, & luy faisant donner viuement l'assault, s'estant approché trop pres d'iceluy, fut attainct d'vne flesche au genoil, du-

Mort de Chinchis.

quel coup il mourut peu apres, & fut ensepulturé au mõt Alchai, auquel lieu tous les autres ses successeurs Roys des Tartares, & ceulx qui sont de leur race & lignée, sont inhumez, encores qu'il fust besoing y apporter le corps de cent lieuës loing.

Description des Roys de Tartarie & de leur sepulture au mont Alchai.
Chap. LIII.

E premier Roy des Tartares estoit nommé Chinchis, le second Occhin, le trosiesme Barchim, le quatriesme Allau, le cinqiesme Monguth, le sixiesme Cublai, qui est à present regnát, la puissance & seigneurie duquel est plus grande que de tous ses predecesseurs, mais (qui plus est) si tous les royaulmes des Chrestiens & Sarrazins estoient tous ensemble, à peine seroient à comparer à l'Empire des Tartares: ce que plus amplement ie donneray à congnoistre lors que ie descripray leur grande puissance

& domination. Or quand il aduient qu'on porte le corps d'vn grand Cham decedé pour enſepulturer en la montaigne d'Alchai. Ceulx qui le cõduyſent, tuent indifferemment toutes les perſonnes qu'ilz rencontrét par les chemins, leur diſans: allez & ſeruez en l'autre monde noſtre ſeigneur & Roy: car ilz ſont ſi abuſez des folles perſuaſions de leurs faulx dieux, qu'ilz croyent fermement que ceulx qu'ilz font ainſi mourir, ſont deſtinez au ſeruice de leur Roy en l'autre mõde. Et non ſeulement ilz vſent de ceſte furie & cruaulté enuers les hommes, mais auſsi enuers les cheuaulx qu'ilz trouuét par les chemins, leſquelz auec les meilleurs cheuaulx de l'eſcuyerie du Roy ilz fõt mourir, eſtimans qu'ilz ſeront deſtinez pour l'uſaige de leur Roy en l'autre mõde. Quand le corps du grãd Cham Monguth predeceſſeur de ceſtuy qui à preſent regne fut porté iuhumer en la montaigne d'Alchai, les gen darmes qui le conduyſoient, tuerent par les chemins (comme i'ay entendu) enuiron vingt mil hommes, pour ceſte ſeule occaſiõ & malheureuſe ſuperſtition.

Mõtaigne d'Alchai ſepulture des Roys Tartares.

Cruelle ſuperſtition.

Des meurs & couſtumes des Tartares en general.
Chapitre LIIII.

Es femmes des Tartares ſont entieremẽt fideles à leurs mariz. Auſsi ilz reputent entre eulx abominable, & vice intolerable, ſi aucun oſe attenter cõtre la pudicité de la femme de ſon prochain, & rigoreuſement eſt

I ii

DES INDES ORIENTALES

Adultere defendu. entre eulx defendu & prohibé, qu'en cela l'vn ne face iniure à l'autre. Toutesfois ilz estiment chose honneste & licite, que chascun puisse espouser autant de femmes qu'il en peult nourrir, combien que la premiere soit tousiours reputée la principale & plus hónorable. *Mariages incestueux* Hors mis leurs sœurs ilz peuuét espouser toutes leurs parentes en quelque degré qu'elles soient, en ligne collaterale, mesmes leur belle mere apres le deces de leur pere, aussi le frere peult espouser la vefue de son frere. Les hommes ne reçoiuent aucun dot de leurs femmes, mais au contraire leur en asignent, & à leurs meres. A cause du nombre des femmes, les Tartares ont plusieurs enfans, & toutesfois la grãde multitude de femmes ne leur est point trop griefue & onereuse, *Solicitude des femmes.* car elles trauaillent & de leur labeur gaignét beaucoup. Oultre ce, elles sont fort curieuses & soigneuses pour le gouuernement de leur famille, & appareiller le boire & le máger de leurs mariz. Et n'ont pas moins de solicitude pour l'entretenement de la maison & choses domestiques. Quant aux hommes ilz s'employent à la chasse aux bestes sauluaiges, & au vol des oyseaulx, ou à l'exercice des armes. Les Tartares nourrissent de grãds trouppeaulx de beufz, moutons, & autre bestail, auec lesquelz ilz demourent es lieux de pasturaige, assauoir en esté es montaignes & lieux plus froidz, esquelz ilz trouuent du boys, & bós pasturaiges pour leur bestail, & en hyuer ilz se retirent es pays chaulx, esquelz ilz trouuent des fourrages pour leurs bestes. Ilz ont de petites maisonnettes

en forme de tentes couuertes de feultres, qu'ilz por- *Maisons*
tent auec eulx la part ou ilz vont: Car ilz les peuuent *des Tarta-*
ploier & estédre, leuer & oster facilemét. Ilz ont touf- *res.*
iours leurs huys & ouuertures au contraire du midy,
semblablement ilz ont des chariotz couuertz de feultres, qu'ilz font tirer & mener par chameaux, dedans
lesquelz ilz mettent leurs femmes, enfans, & vtensilles
necessaires, lesquelz par le moyen de telle couuerture
ilz sauluent & defendent contre la pluye & autres
iniures du temps.

Des armes & vestemens des Tartares.
Chapitre   LV.

Es armes & acoustremens de guerre dont vsent les Tartares ne sont pas de fer comme les nostres, mais sont faictz d'vn cuyr fort & dur, comme est le cuyr de buffles & autres bestes qui ont la peau dure. Ilz sont fort bons archers, aussi des leur premiere ieunesse on les accoustume & exercite à tirer de l'arc. ilz vsent aussi de massues & espées, mais bien peu. Ceulx qui sont les plus riches & opulens vsent d'habillemens de soye & de drap d'or, fourrez de peaulx delicates, comme de regnardz, armelines & autres bestes, mesmes de celles qu'on appelle Soubellines, & autres peaulx qui sont estimées les plus riches & precieuses.

I iij

DES INDES ORIENTALES

De leur viure.   Chapitre *LVI*.

Viãdes immondes.

ILz viuent de grosses viandes, mesmemét de chair, laict & fromaige, & sont autant affectiõnez à la chasse des bestes viles & immõdes, comme des autres qui sont nettes & bonnes à manger: Car indifferemment ilz mãgent & chiens & cheuaux, couleuures & semblables bestes reptiles, dont il se trouue grande quãtité au pays. Ilz beuuent le laict des iumés, lequel ilz preparét en telle sorte qu'il ressemble vin blanc, & n'est pas beaucoup fade & insipide à boire. Ilz appellent ce breuuaige, Chuinis.

Laict de iumens.

Des erreurs & idolatrie des Tartares.
Chapitre *LVII*.

Natagai, dieu des Tartares.

LEs Tartares adorent & reuerét pour Dieu vn certain Demon, qu'ilz ont d'eulx mesmes faict & inuenté, & le nomment Natagai, lequel ilz estimét estre Dieu de la terre, & auoir la solicitude d'eulx, leurs femmes, & enfás, ensemble des fruictz de la terre, & tout leur bestail. Ilz ont ce dieu en tel honneur & reuerence, qu'il n'y a aucun d'eulx qui n'en ayt en sa maison l'imaige & figure. Et pource qu'ilz croyent asseuremét leurs femmes & enfans estre en la charge & tutelle de ce dieu

LIVRE PREMIER.

Natagai, ilz font mettre au pres de son imaige d'autres petites figures pour representer leurs femmes & enfans, assauoir leurs femmes a la main dextre, & les enfans deuant la face de l'idole. Oultre leur font grande reuerence, quand ilz vont prendre leur repas: Car deuant que boire ne manger, ilz oignent & frottent la bouche de leurs images, auec la gresse de leur chair cuicte. Et font mettre vne portion de leur disner ou soupper en certain lieu hors du logis, estimans que leurs dieux en prennent refectiõ. Cela faict ilz se mettent à table pour prendre leur repas. Si le filz d'aucun des Tartares decede auant que d'estre marié, & semblablement la fille d'vn autre sans estre mariée, les parens des deux costez s'assemblent & accordent le mariage d'entre les deffunctz, cõme s'ilz estoient viuans, & en font expedier lettres de leurs conuentions matrimoniales, puis font peindre en vn tableau la figure du ieune homme deffunct, ensemble de la fille, lequel tableau auec certaine somme de deniers, meubles & vtensilles, ilz iectent dedans le feu de leur sepulture, croyans fermement qu'ilz seront ainsi conioinctz par mariage en l'autre mõde. Et pour raison de telles nopces, font de grands festins & banequetz, mesmement font iecter & respendre portion des viandes dedans le feu de leur sepulture, estimans que les espousez en feront semblable solennité. En ce faisant les parés des deffunctz pensent auoir contracté entre eulx affinité, tout ainsi que si les nopces auoient esté faictes & celebrées du viuant des deux mariez.

Mariages entre les deffunctz.

DES INDES ORIENTALES

De l'industrie & dexterité des Tartares.
Chapitre LVIII.

Sobrieté des Tartares.

LEs Tartares sont gens belliqueux, & adextres aux armes, promptz & hardiz à entreprendre toutes choses, sans craincte ne timidité. ilz ne sont point effeminez, delicatz, ne adonnez aux delices & voluptez, mais au cōtraire de grande patience & magnanimité, pour endurer labeur, faim & soif. Il aduient aucunesfois qu'ilz seront vn mois entier, sans boire ne manger autre chose q̃ laict de iumentz, & chairs des bestes qu'ilz prennēt à la chasse, mesmes leurs cheuaulx quand ilz vont à la guerre ne sont nourriz que de l'herbe qu'ilz paissent par les chāps, ilz sont aucunesfois toute nuict à cheual armez. Et neantmoins ce pendant leurs cheuaulx paissent es lieux ou ilz rencontrent bons pasturages. Quant à eulx ilz se contentent de peu de viande, quelque grand labeur & trauail qu'ilz ayent prins. Ilz vsent de grandes ruses & finesses, pour prēdre vne ville ou q̃lque forteresse. Et quand ilz dressent vne armée, & font leurs appr̄stz pour aller à la guerre en pays loingtain, ilz ne portent auec eulx sinon leurs armes, & quelques petitz pauillōs pour se couurir en temps de pluye. Oultre vn chacun porte deux petitz vaisseaux que nous appellons bouteilles ou flascons, lesquelz ilz remplissent de laict, dont ilz boyuent par pays. Aussi ont vn petit pot pour faire cuyre leur chair

LIVRE PREMIER. 37

chair. Et quád ilz sont pressez de partir pour aller encores plus loing, ilz prennent seulement pour porter auec eulx du laict caillé & endurcy, comme paste seiche, lequel en apres ilz broyent & destrampent auec de l'eaue, & leur sert de viande & breuuage.

De la Iustice des Tartares. Chap. LIX.

Lz punissent les malfaicteurs en ceste maniere, Si quelqu'vn à desrobé vne chose de peu de valeur & ne merite d'estre faict mourir, ilz le font fouetter par sept fois, ou dixsept fois ou vingtsept, ou quarante sept, selon la grauité du delict, adioustant dix, & iusques à cent. Et quelque fois aduient que les aucuns ainsi fustiguez en meurent. Et si quelqu'vn desrobe vn cheual, ou autre chose pour laquelle il doybue souffrir mort, ilz luy font donner vn coup despée au trauers du ventre, tellement qu'il en meurt. Mais s'il veult racheter sa vie, il fault qu'il rende neuf fois la valeur de la chose furtiuement prinse. Ceulx qui ont des cheuaulx, beufz & chameaux, ilz leur merquét le poil de certain signe qu'ilz font auec du feu, & les enuoyent sans gardes paistre aux champs. Toutesfois au menu bestail ilz ont gardes & bergiers. Telles ont esté les premieres meurs & coustumes des Tartares, mais depuis qu'ilz sont venuz à se mesler & conuerser auec diuers peuples, ilz ont aucunement degeneré de leurs

Iustice des des Tartares.

K

DES INDES ORIENTALES

premieres meurs & couſtumes, & ſe ſont accómodez aux meurs des peuples auec leſquelz ilz ont conuerſé & prins alliance.

Des campaignes de Bargu, & des dernieres Iſles de la coſte de Septentrion.
Chap. LX.

Ie me ſuys aucunement amuſé à deſcrire les meurs & couſtumes des Tartares, mais maintenāt ie retourneray à declarer les prouinces de la region Orientale, ſelon l'ordre dont i'ay vſé cy deſſus. Donc laiſſans la cité de Carocaram, & tirans du mont d'Alchai vers Septétrion, on vient es campaignes de Bargu, qui ont quarante iournées de longueur, les habitans d'icelles ſont appellez Medites, & ſont ſubiectz au grand Cham, viuans ſoubz meſmes meurs & couſtumes que les Tartares. Ce ſont gens ſauuaiges & ruraulx, qui viuét des beſtes qu'ilz prennét à la chaſſe, meſmemét des cerfz, dont y a grande quantité au païs, & les ſçauent ſi bien appriuoiſer, qu'ilz ſ'en ſeruent & les cheuauchét comme on feroit des cheuaulx, ou des aſnes. Ilz n'ont poīt de bled ne vin. En eſté ilz font de gràs chaſſes & prinſes, tant de beſtes ſauuaiges, que d'oyſeaulx, dont ilz font leurs prouiſions pour viure en hyuer. Car toutes beſtes & oyſeaulx, approchant l'hyuer, ſe retirent ailleurs, au moyen que le pays y eſt extrememēt froid

Medites.

cerfz priuez.

en hyuer. Apres auoir cheminé les quaräte iournées dessusdictes par ces cäpaignes, on paruient aux riuaiges de la grād mer Occeane, sur la coste de laquelle es montaignes d'icelle les faulcons, que nous appellons passagiers font leurs aires, lesquelz sont apportez de ce lieu en la court du grand Cham. On ne trouue esdictes montaignes autres oyseaulx que faulcons, sinon certains petitz oyseletz qui ne seruent que de nourriture aux faulcons. Bien se trouue es Isles de cest Occean, grande quantité de gerfaulx, qu'on trans- *Gerfaulx.* porte semblablement en la court du grād Cham. Au moyen dequoy ne fault estimer que de ceulx qu'on apporte des terres des Chrestiens en Tartarie, il en vienne aucun iusques au grand Chá, car on n'en tiendroit cōpte, d'autāt qu'ilz en ont grāde abōdance, mais ilz demeurent en la Tartarie qui est voysine & limitrophe d'Armenie, & Cumanie. En ceste coste y a des Isles si eslongnées & tirans vers Septétrion, que le pol artique y semble decliner vers Midy.

De la prouince d'Ergimul, & ville de Singui. Chapitre LXI.

R à present nous fault retourner à la cité de Cāpition, de laquelle auōs cy dessus parlé, afin de reprendre de là vn autre chemin, pour aller es autres prouinces que n'auons encores declarées. Donc si de la cité de Campi- *Cāpition.*

DES INDES ORIENTALES

tion en tirant vers Orient on chemine par cinq iournées. On oyt de nuict par les chemins, des voix horribles de malings esperitz qui effraient grandement, & cela continue iuques a ce qu'on entre es Royaumes d'Orgimul, & de Cerguth, qui sont deux Royaumes subiectz & tributaires au grand Cham. En iceulx on trouue des Chrestiens, Nestorians, des Mahumetistes, & semblablement des idolatres. Aussi y a plusieurs villes & chasteaulx. Si de la on passe oultre, prenant le chemin entre Orient & Midy, on vient en la prouince de Cathay. Toutesfois entre le Royaume de Cathay, & celuy de Cerguth, y a vne belle ville appellée Singui, les habitans de laquelle sont des trois sectes cy dessus mentionnées. On y trouue aussi des beufz sauuaiges, autrement buffles, qui sont merueilleusement grandz, & quasi autant qu'elephans, ilz sont blancz & noirs, ayans le poil long de trois paulmes. De ces buffles y en a plusieurs qui ont esté appriuoisez, & seruent à porter de grandes charges, les autres sont mis à la charrue, qui en peu de téps labourent grande quantité de terre, ilz ont en ceste prouince du meilleur musch qu'on puisse trouuer en tout le monde, car ilz ont au pays vne certaine espece de beste de la grandeur d'vn chat, ayant le poil rude comme de cerf, les ongles assez grandz, & quatre dentz seulement, asçauoir deux dessus & autant dessoubz, aupres du nombril entre le cuyr & la chair, elle a vne vesie plaine de sang, qui est le vray musch, dont procede vne odeur tant souefue & doulce. Les habitans de ceste contrée

Voix horribles de malings esperitz.

Singui.

Buffles priuez.

Musq singulier.

sont idolatres, grandement adonnez à luxure, ilz sont gras par le corps, ayans le nez court, & force poil & moustaches au tour de la bouche, Les femmes sont fort belles & blanches: & quand les hommes se veu- *Mariage sans avarice.* lent marier, ilz choisiront & prendront plustost vne femme qui soit belle, que noble ou riche. Dont aduiét que bien souuét vn grand & noble personnaige prendra en mariage vne pauure femme qui sera belle, & pource asignera douaire à sa mere. On y trouue beaucoup de marchandz negociateurs & artisans. La prouince est grande, ayant d'estendue en longueur vingt cinq iournées, & est bien fertile. Il y a des phaisans *Phaisans.* merueilleusement gras, ayans le plumaige de la queuë lōg de deux piedz & demy ou enuiron. On y trouue aussi grande quantité d'aucuns oyseaulx qui sont de tresbeau plumaige & de diuerses couleurs fort plaisantes, que n'auons acoustumé veoir en ces pays.

De la prouince d'Egrigaie. Chap. LXII.

Allans plus oultre vers Orient, & ayát cheminé sept iournées, on entre au pays d'Egrigaie, auquel on trouue plusieurs villes & chasteaux, & depend de la gráde prouince de Tanguth, dont la ville capitalle est appellée Calacie. Les habitás sont idolatres, fors qu'il *Calacie.* y a quelques Chrestiens Nestorians, lesquelz y ont trois Eglises, & sont tous subiectz au grád Cham. On

DES INDES ORIENTALES

trouue en la cite de Calacie des draps qu'ilz appellét
zábillotz. Zambillotz, faictz de laine blanche, & poil de chameau, & ne s'en trouue point de plus beaulx au monde. A ceste cause les marchans les transportent vendre en diuerses contrées.

Des prouinces de Teuduch, Gog, & Magog, et de la ville des Cianiganiens. Chap. LXIII.

DE la prouince d'Egrigaie tirant vers l'Orient, le chemin conduict en la prouince de Teuduch, qui est bien habitée, & cõtient plusieurs villes & chasteaulx, & en laquelle auoit de coustume resider ce grand Roy & tant renómé par tout le monde, vulgairemét appellé Presteichan. Mais maintenant elle est subiecte & tributaire au grand Cham, ayant toutesfois vn Roy qui est de la lignée de Presteichan. Et depuis que le Roy Chinchis eut vaincu & occis en bataille le Roy Presteichan, tousiours les grands Cham ses successeurs ont baillé leurs filles en mariage aux Roys de ceste prouince. Et combien qu'en icelles y ayt quelques idolatres, & aussi des Mahumetistes, toutesfois la plus grande partie de la prouince tient la foy & religion Chrestienne. Et y sont les Chrestiens superieurs: mesmement y a entre eulx vne maniere de gens qu'ilz ap-
Argons. pellent Argons, qui sont estimez & reputez plus discretz & magnifiques que les autres habitans. En ceste

LIVRE PREMIER.

cõtrée est la prouince de Gog, & Magog, lesquelz ilz appellent Lug & Mungug. On trouue en ce pays la pierre lazule, de laquelle on faict le fin azur. Semblablement on y faict de bõs zambillotz de poil de chameaulx, & aussi des draps d'or & de soye de diuerses façons. Il y a vne ville appellée Sindacui, en laquelle on faict de braues armeures, fort bonnes, & de toutes sortes, pour la commodité de la guerre. Es mõtaignes du pays se trouuent de grãdes minieres d'argent, semblablement y a de belles chasses pour les bestes sauluaiges, & appellent ce lieu de montaignes Ydifa. De ceste ville de Sindacui, y a trois iournées iusques à la cité des Cianiganiens, en laquelle y a vn beau grand Palays pour le seiour du grand Cham quand il vient au pays. Ce qu'il faict bien souuét, au moyen que pres de la cité y a plusieurs grãds marays esquelz on trouue de toutes sortes d'oyseaulx & gibier, mesmement des grues, faisans, perdrix & autres semblables qui se prennent auec gerfaulx, faulcons, & autres oyseaulx de proye, en quoy le grand Cham prend grand plaisir & delectation. Il y a en ce pays des grues de cinq sortes, les vnes ont les aesles noires comme corbeaux, les autres sont fort blanches, ayans en leur plumaige des yeulx de couleur d'or, comme sont les queues de noz paons. Y en a d'autres semblables aux nostres, & d'autres qui sont pl⁹ petites, mais elles ont les plumes fort longues & belles, entremeslées de couleurs rouge & noir. La cinqiesme espece sont grises, ayãs les yeulx rouges & nois, & ceulx la sont fort grandes. Pres de

La pierre lazule.

Sindacui.

Ydifa.

Grues de cinq especes.

DES INDES ORIENTALES

ceste cité y a vne vallée ou sont plusieurs logettes, esquelles on nourrit grand nombre de perdrix, reseruées & destinées pour le Roy, quand il viendra pour quelque temps au pays.

De la cité de Ciandu.   Chap. LXIIII.

Palays suptueux.

Maison de cannes & roseaulx.

DE la cité des Cianiganiens y a trois iournées en tirant vers Septentrion, iusques a la ville de Ciandu, laquelle à esté cõstruicte par le grand Chã Cublay, qui y à faict bastir vn beau, grand & sumptueux Palays, de pierres de marbre, & enrichy d'or. Au pres de ce Palays est le beau parc royal, tout enclos de murailles, ayãs sept lieuës & demie de circuyt. Dedans ce parc y a le beau bocaige, plusieurs fontaines & ruysseaux, belles prairies, & diuerses sortes de bestes sauluaiges, cõme cerfz, dains, cheureulx, & autres bestes qui sont gardées & reseruées, pour donner plaisir au Roy quãd il y vient pour quelque temps s'esbatre. Ce qu'il faict souuentesfois, & y vient chasser, estant monté à cheual menãt auec luy vn leopard priué, lequel il lasche apres les cerfz & les dains, & quand quelque beste est prise, il la faict presenter à ses gerfaulx & oyseaux de proye, à quoy il prend grand plaisir. Au meilleu du boys y a vne belle maison de plaisance, faicte de cannes & roseaulx, laquelle est toute dorée par dedans & dehors, auec enrichissement de plusieurs belles peinctures, & est con-

LIVRE PREMIER.

est cõstruicte de tel artifice, que la pluye ne luy peult faire aucũ dõmage. Oultre ceste maison se peult (tout ainsi qu'vn pauillon) deffaire & mettre par pieces, & incontinent remettre sus: & quand elle est dressée, il y a enuiron deux cens cordes de soye dont elle est lyée & soustenuë. D'auantaige les roseaux dont elle est faicte, ont bien quinze pas de longueur, & trois paulmes d'espesseur, au moyen dequoy ilz en font non seullement des pilliers, des ayz & cloysons, mais aussi des lambriz & planchers. Et pour faire les couuertures de maison, ilz diuisent chascũ roseau par les neudz, puis les fendent en deux en forme de tuylles & festeaux, dont ilz couurent les maisons. Le grand Cham à de coustume seiourner en ce lieu de plaisir trois moys l'année, assauoir en Iuing, Iuillet & Aoust, par ce que l'air y est fort salubre & temperé, & n'est point le lieu subiect aux ardeurs du soleil. Pendant ces trois moys la maison est tousiours dressée, & preparée dans le boys, mais le reste du temps elle est serrée & gardée soigneusement en autre lieu, apres l'auoir deffaicte & mise par pieces. Car des le vingthuytiesme iour d'Aoust le Roy part de la cité de Ciàdu, pour aller en vn autre lieu faire sacrifice solennel à ses dieux, par lesquelz ilz croit & espere la vie & santé luy estre cõcedée, ensemble à ses femmes, enfans & bestes qu'il à en sa possession: Car il a vn grand haraz de cheuaulx & iumens blanches, qu'on estime exceder le nombre de dix mil bestes cheualines. Or en ceste solẽnité que le Roy festoye ses dieux on prepare en certains vais-

Haraz du grãd Chã.

Forme de sacrifice.

L

DES INDES ORIENTALES

feaux conuenables du laict de iument, lequel le Roy de ses propres mains respand çà & la en l'honneur de ses dieux, estimant (comme ses saiges luy donnent à entendre) que les dieux boyuét le laict respandu, & par ce moyen ont grand besoing & solicitude de cóseruer tous les biens & possessions du Roy. Apres ce damnable sacrifice le Roy boit du laict de ses iumétz blaches, & n'est permis à aucun autre de tout ce iour en boire, s'il n'est du sang royal, fors toutesfois vn cer-

Horiach. tain peuple qu'ilz appellent Horiach, qui ioyst de semblable priuilege, à cause d'vne grande victoire qu'il obtint pour le grád Cham Chinchis. Donc ceste coustume ceremonieuse est perpetuellement obseruée par les Tartares en grande reuerence & solennité par chascun an le vingthuytiesme iour d'Aoust: de la vient que le peuple tient en grand estime & honneur les cheuaulx blancz & iumentz blanches. Oultre en ceste prouince ilz mangent la chair des hommes qui par iugement publiq sont condamnez à mourir. Le

Magiciés. grád Cham à des saiges & Magiciens, qui par art diabolique troublent l'air, & le reduysent en tenebres & obscurité quád ilz veulent, hors mis le Palays royal, sur lequel la lumiere demoure claire & entiere. Semblablement ces Magiciens se vantent de faire par leur art diabolique, que le Roy estát assis à table, les couppes d'or qui sont sur son buffet (lequel ordinairemét est assis au milieu de la salle) saulteront pleines de vin ou autre breuuage, iusques sur la table deuát le Roy: ce qu'ilz dient faire par artifice secret. Et quád ilz ce-

LIVRE RPEMIER.

lebrent les festes de leurs idoles, le Roy leur donne quelque quantité de moutons beliers, lesquelz auec boys d'aloés & encens ilz offrent à leurs dieux, estimans que ce leur soit agreable & odoriferant sacrifice. Puis apres les auoir faict cuyre, ilz leur en presentent la chair, auec chansons & grand ioye pour icelle manger. Et le potaige ilz le respandent deuant l'idole, duquel ilz celebrēt la feste, & afferment par tel moyé acquerir & meriter leur grace, tellement qu'ilz enuoyent l'abondance & fertilité de toutes choses sur la terre.

Forme de sacrifice.

D'aucuns moynes idolatres.
Chapitre. LXVI.

EN ce pays on trouue plusieurs moynes, destinez au sacrifice des idoles, lesquelz ont vn monastere aussi grand comme vne bonne bourgade, car en iceluy habitent enuiron deux mille moynes qui seruent ordinairemēt aux idoles, & sont differens des gens laiz, par la teste raze, & l'habillemēt monachal, car ilz portent tous la teste & la barbe raze, & l'habillement d'vn religieux. Ces moynes en faisant les festes & solennitez de leurs idoles, chantent à haulte voix, & allument en leur temple grande quantité de lumieres, & font plusieurs autres sottes & ridicules ceremonies. Il y a encores en autres lieux des moynes, & diuers idolatres, les aucuns desquelz ont

Cōuent de moynes idolatres.

L ij

DES INDES ORIENTALES

plufieurs femmes, les autres en l'honneur de leurs dieux viuent chaftement, menans vie auftere, car ilz ne mangent autre chofe que du fon detrempé auec de l'eaue. Et font aufsi veftuz de gros draps & rudes, & de couleur laide & contemptible, & repofent au lieu de lictz fur fagotz de ferment. Toutesfois les autres moynes du pays qui ne viuent pas fi eftroictement s'en mocquent, & dient que ceulx qui menent vie fi auftere font heretiques, & ne feruent pas aux dieux, felon la vie conuenable & requife.

Difcord entre moines.

FIN DV PREMIER LIVRE.

LIVRE DEVXIESME,
DES REGIONS ET PROVINCES
DE L'INDE ORIENTALE.

De la puissance & magnificence de Cublai grand Cham de Tartarie.
Chapitre I.

EN ce secõd liure i'ay determiné descrire la sumptueuse magnificence, singularitez, puissáce & richesses, auec le gouuernemét & administration de l'Empire du grand Cham, Empereur des Tartares, nommé Cublai à present regnant, Car en magnificence & ample domination il surpasse sans comparaison tous ses predecesseurs, aussi il a tellement estendu les limites, & frontieres de son Empire, qu'il à presque reduict tout l'Orient en sa puissance & subiection. Ce grand seigneur Cublai est descendu de la lignée de Chinchis premier Empereur de Tartarie, & le sixiesme en ordre, qui commença à regner des l'an de l'incarnation de nostre Seigneur mil deux cens cinquante six, gouuernant son peuple auec grande sagesse & grauité. Il est bel homme, bien adextre & exercité aux armes, robuste & bien dispos de ses membres, auec promptitude d'esperit, pour entreprendre & executer grandes choses, toutesfois auec conseil, vsant de grande prouiden-

An de l'Empire de Cublai.

L iii

DES INDES ORIENTALES

ce & discretion au gouuernement de son peuple, car au parauant qu'il paruint à l'Empire, il s'est plusieurs fois porté vaillamment en guerre, ayant reputation de prompt & hardy capitaine, & en toutes autres choses s'estoit demonstré prudent & discret. Toutesfois depuis qu'il a eu le gouuernement de l'Empire, il ne s'est trouué qu'vne fois en bataille: car il y a tousiours commis son lieutenant, ou l'vn de ses enfans, ou quelque autre grand seigneur de sa court.

De la rebellion que fist Naiam contre Cublai.
Chapitre II.

Ous auõs dict cy dessus que l'Empereur Cublai s'est trouué seulement vne fois en bataille pendant son regne, mais maintenãt en dirons la cause. En l'an mil deux cẽs quatre vingtz & six, vn de ses neueux nõmé Naiam ieune homme de l'aage de trente ans, estant gouuerneur en plusieurs prouinces & sur diuers peuples, esmeu par temerité & presumption, s'esleua contre son oncle & seigneur souuerain l'Empereur Cublai, dressant & mettant sus alencõtre de luy vne grosse armée. Et afin de mieulx s'asseurer de la victoire pour estre le plus fort, trouua moyen d'associer en ceste rebelliõ vn autre Roy nõmé Caydu, qui semblablemẽt estoit nepueu de l'Empereur Cublai, mais auoit cõceu alencõtre de luy inimitié & malueillãce mortelle. A quoy

Caidu nepueu du grãd chã.

LIVRE SECOND. 40

facilement s'accorda de luy dóner cófort & ayde en cest affaire, mesmes luy promist de s'y trouuer en personne, & mener auec luy cent mil hommes en armes. Eulx donc suyuant leurs desseinctz, delibererent d'eulx assembler auec leurs forces en vne certaine cápaigne, pour de la entrer en pays, & courir sus à l'Empereur. Et deslors Naiam auoit en son camp enuiron quatre cens mil hommes en armes.

Ie croy q̃ il y a icy faulte, & qu'on y a mis quadringenta pour quadraginta, c'est 400000 pour 40000.

Comment l'Empereur preuint & se fortifia contre ses ennemis. Chap. III.

Este entreprinse fut incontinent descouuerte à l'Empereur Cublai, & de quel couraige ses nepueuz de cóspiration publique s'estoiét esleuez contre luy. Au moyé dequoy il iura par son chef, & sa couronne Imperialle qu'il se defendroit d'eulx, & oultre se végeroit de l'audace & temerité de ses ennemis. Et de faict en moins de vingtdeux iours il assembla tumultuairemét & selon l'exigence de l'entreprinse vne assez grosse armée, asçauoir de tretesix mille cheuaulx, & cent mille hommes de pied, & ce des enuirons de la cité de Cambalu seulemét. Et combien qu'il eust peu assembler & mettre sus vne plus grosse armée, eu esgard à sa puissance, & grandeur de son Empire. Toutesfois voulant surprendre & charger à l'improuiste son ennemy, ne voulut s'arrester à faire plusgrand amas de gens, de peur

Not. qu'il y a 360000 pour 36000.

DES INDES ORIENTALES

que son entreprinse fust descouuerte à ses ennemis, & que aduertiz de ce, ilz prinssent la fuyte, ou se retirassent auec leur armée en quelque forteresse, en laquelle ilz ne peussent facilement estre rompuz & desconfictz, ioict aussi que l'Empereur Cublai auoit lors d'autres armées en campaigne, qu'il auoit enuoyées en diuerses prouinces pour les subiuguer & conquester, lesquelles il ne voulut reuoquer, & faire retourner, pour ne donner à congnoistre son intention, ains comman-*Stratageme de guerre.* da d'obseruer soigneusement & prendre garde sur les chemins, passaiges, & frontieres, qu'aucun ne portast nouuelles à Naiam de son entreprise, & qu'il ne peust estre preaduerty de sa venue, au moyen dequoy tous allans & venans estoient arrestez par les gardes à ce commises, de peur que Naiam en sceust seulement le bruit. Les choses ainsi disposées, l'Empereur Cublai demanda l'aduis & conseil de ses astrologues sur l'euement de ceste guerre, & en quel temps & quelle heure il debuoit partir & marcher en bataille contre l'ennemy, pour selon les dispositions fatalles heureusement succeder, lesquelz luy predirent tous d'vn commun accord l'heureux succes de la guerre & qu'il estoit temps de partir pour obtenir victoire de ses ennemis.

De la

LIVRE SECOND.

De la victoire de Cublai contre Naiam.
Chap. IIII.

Donc l'Empereur Cublai fist diligemment marcher son armée, tellement qu'il paruint en brief temps iusques aupres d'vne grãde plaine, en laquel le Naiam s'estoit campé, attendant le Roy Caydu, qui venoit à sõ secours. Or pour ceste nuict l'Empereur Cublai asist son cãp, & le fist reposer sur vn petit coustau assez pres des ennemis sans rien esmouuoir ne faire aucũ bruit. Alors les gens d'armes & soldatz de Naiam, ne se doubtans de riens, comme ne sachans la venue de leur ennemy, vagoient çà & là desarmez par la campaigne, faisans grãde chere sans soucy, ne crainéte d'aucun. La nuict passée, & si tost que le iour commença à poindre l'Empereur Cublai à la descente du coustau, mist en ordre son armée, laquelle il diuisa en douze bataillons en chacun desquelz il mist trois mille hommes de cheual. Et au regard des gens de pied, ilz estoient mis en tel ordre, qu'en plusieurs endroictz à chacũ homme de cheual il y auoit deux hommes de pied de chacun costé, ayans lances, & bois long pour les seruir. Quãd à l'Empereur il estoit asis en vn chasteau porté par quatre elephans (chose admirable) auquel estoit semblablement l'enseigne imperialle. Or quand ceulx de l'armée de Naiam eurent aperceu les enseignes desployées & l'Empereur Cublai & ses bataillons mar-

Chasteau de l'Empereur, porté par elephans.

M

DES INDES ORIENTALES

chans côtre eulx en bataille rágée, ilz furét grandemét effrayez, car ilz attédoient encores le secours du Roy Caydu, auquel ilz auoient leur plus grande fiance : & soubdainemét coururent au pauillon de Naiam pour l'en aduertir, lequel ilz trouuerent couché auec vne concubine qu'il auoit amenée auec luy. Lors Naiam promptement se refueille, & en la plus grande diligence qu'il peult, mist ses gens en ordre, & par bandes. Or tous les Tartares ont de coustume au parauant que d'entrer en bataille, de premierement sonner les trompettes, tabourins, phiffres, & autres instrumés de guerre, & oultre chanter à haulte voix, & iusques à ce que le Roy leur ayt baillé signe de marcher & courir sus à l'ennemy. Ainsi apres que les deux armées eurent finy leurs sons & clameurs, l'Empereur commanda sonner l'alarme & donner dedans les ennemis : ce que promptement fut faict, & commencerét à tirer de leurs arcz de telle furie que les flesches & sagettes tumboient du ciel druz comme gresle. Et apres que le traict fut cessé, prindrent leurs lances & espées & vindrét à eulx ioindre & approcher, recommençans la bataille plus furieusement que deuant : & lors y eut grande occision & tuerie d'vne part & d'autre. Or ce Naiã estoit Chrestien de nom, & profession, combien qu'il fust mauuais obseruateur de la foy Chrestienne, & en fist mal les œuures, ce neantmoins auoit faict mettre en son principal guidon & enseigne, le signe de la croix & auoit grand nombre de Chrestiens en son camp. La bataille dura depuis le poinct du iour iusques à midy

Bataille.

fort aspre & cruelle, & y fut tué grand nombre de gés d'vne part & d'autre. Et iusques à ce que finablement l'armée de Naiam commença à decliner, se rompre, & mettre en route, & l'Empereur Cublai estre superieur & victorieux. Entre ceulx qui se misrent en fuyte fut prins Naiam prisonnier, & grande multitude de ses gens occis en fuyant.

Victoire de Cublai

Comment Naiam fut faict mourir.
Chapitre V.

DOnc le Roy Cublai ayãt en ses mais son aduersaire prisonnier, commanda incontinent qu'on le feist mourir, pour sa grande temerité d'auoir excité ceste rebellion, & prins les armes contre son seigneur. Mais pour autant qu'il estoit yssu de sa lignée, il ne voulut point que la terre fust arrousée du sang royal, ou que l'air & le soleil veissent aucũ descẽdu de royalle lignée, ainsi malheureusement mourir. Au moyen de quoy il cõmanda qu'il fust lyé & enueloppé dedans vn tapiz, & par tant de foys & si long temps secoux, remué, tourné & viré, que finablement à faulte de reprendre halaine il fust estouffé & suffoqué. Apres la mort de Naiam, ous les principaulx chefz & capitaines de son armée, ensemble les soldatz & gẽdarmes, qui s'estoient eschappez de la bataille, & sauluez à la fuyte, se vindrent rendre & submettre à la subiection & obeyssan

Nouuelle maniere de mort.

M ii

ce de l'Empereur Cublai. Et deslors accreurent à sa seigneurie & Empire quatre prouinces, assauoir Funotia, Cauli, Barscol, & Sinchintinguy.

La reprimende que feit Cublai aux Iuifz & Sarrazins, qui blasmoient & mesprisoient le signe de la croix de Iesus Christ.
Chapitre VI.

OR les Iuifz & Sarrazins qui estoient en l'armée de Cublai, soubz pretexte de telle victoire, commencerent à dire plusieurs iniures & parolles oultrageuses aux Chrestiens, qui auoiét esté au camp de Naiam, leur disant que le Christ duquel le signe estoit pourtraict au guidon de Naiam, n'auoit peu les ayder & secourir, & chacun iour leur en faisoient de grands reproches & contumelies, au grand scandale, mespris & derision de la puissance de Iesus Christ, qu'ilz disoient estre vaine & friuolle. Au moyen dequoy les Chrestiés qui s'estoient réduz à l'obeissance & subiection de l'Empereur Cublay, estimans estre chose indigne d'vn Chrestien, de supporter & endurer vn tel blaspheme, à la diminutiõ de la gloire & hõneur de Iesus Christ, en feirent leur plainctif à l'Empereur, luy remonstrãs de quel poix & consequence leur estoient telles cõtumelies. Alors l'Empereur feit appeller & assembler deuant luy les Iuifz, Sarrazins & Chrestiens. Et premie-

LIVRE SECOND. 47

rement se tournant vers les Chrestiens leur dist: Vostre Dieu par sa croix n'a pas voulu dõner aucun support, n'ayde à Naiá, mais pour cela n'en debuez auoir honte ne fascherie: car le dieu bon & iuste n'a pas voulu fauoriser à vne telle iniustice & iniquité. Naiam a esté traistre & desloyal enuers son seigneur, & contre tout droict & equité, luy à suscite guerre & rebellion, puis en sa meschanceté & felonnie à imploré l'ayde de vostre Dieu, mais luy comme bon Dieu, iuste & droict, ne luy a voulu porter faueur en ses maluersations. Et au regard des Iuifz & Sarrazins qui ainsi detractoient & sugilloient l'honneur des Chrestiens, l'Empereur leur defendit expressement, que dela en auant aucun ne presumast blasphemer ne detracter côtre le Dieu des Chrestiens, ne sa croix. Ainsi furent contrainctz eulx taire. Donc Cublai ayant appaisé & pacifié ceste dissention, s'en retourna victorieux & en grande ioye en sa cité de Cambalu.

Harengue du grand Châ aux Chrestiẽs.

En quelle maniere le grand Cham recompense ses gensdarmes apres la victoire obtenue.
Chapitre VII.

Vand l'Empereur Cublai retourne victorieux de quelque guerre, il recongnoist & remunere ses Capitaines, chefz de bandes, & caporaulx en ceste maniere. Celuy qui au parauãt n'estoit que centenier, l'esleuera en

M iii

DES INDES ORIENTALES

plus hault degré, & luy baillera charge de mil hommes, & ainſi par ordre & degrez il eſleuera chacũ des chefz, Ducz & capitaines en plus hault eſtat & dignité: leur faiſant en oultre pluſieurs preſentz de vaiſſelle d'or & d'argent, & leur octroyãt pluſieurs priuileges & immunitez, leſquelz priuileges ſõt inſcriptz & engrauez en certaines tables, ou lames de cuyure, d'vn coſté deſquelles ſont cõtenuz ces motz: Pour la vertu du grand dieu, & pour la grace indicible qu'il a conferée à l'Empereur, le nom du grand Cham ſoit beneiſt. De l'autre coſté eſt engrauée l'image d'vn lyon, auec le ſoleil, & la lune, ou la figure d'vn gerfault, ou de quelque autre beſte. Et ceulx qui ont de ces tablettes merquées du lyon auec le ſoleil & la lune, ilz les portent ſur leurs veſtemẽs quand ilz vont par la ville, & en lieu public, en ſigne de grãde authorité. Mais celluy qui porte l'image du gerfault, peult d'vn lieu en autre mener & cõduyre toute l'armée de quelque Prince, ou Roy de Tartarie. Ainſi toutes choſes ſont diſtribuées ſelon leur ordre, & par ces tables eſt demonſtré à qui on doibt porter reueréce & obeyſſance. Et s'il y a aucun qui ſoit refuſant d'obeyr & faire ſon debuoir, ſelon la demonſtrance qui luy eſt faicte par ces tables, & qu'il ne tienne compte de l'auctorité d'icelles, incontinent on le faict mourir comme rebelle à l'Empereur.

Enſeigne de faueur.

LIVRE SECOND. 44

Description de la forme & stature de l'Empereur Cublai, & de ses femmes & concubines. Chap. VIII.

'Empereur Cublai est fort bel homme, de mediocre stature, ne trop gras ne aussi trop meigre. Il a la face vn peu rouge, entremeslée de blanc, les yeulx grandz, beau nez, & tous autres delineamentz de son corps bien & deuëment proportionnez. Il a quatre femmes qu'il repute legitimes, de la premiere desquelles le filz aisné luy succede au royaulme. Et chascune de ces quatre femmes a son train apart, & tient maison comme Royne, au mesme Palays de l'Empereur, ayant chacune enuiron troys cens damoiselles d'eslite en son seruice, & plusieurs seruiteurs qui sont chastrez, & grand nombre d'autres seruiteurs domestiques. Oultre cela le Roy a plusieurs concubines: car entre les Tartares y a certaine natiō particuliere qui est appellée Vngrac, en laquelle y a des femmes belles par excellence, de bonne grace, & bien apprises, entre lesquelles l'Empereur en faict prédre & choisir des plus belles, qu'il entretient ordinairement en son Palays, iusques au nombre de cent, & leur baille des gouuernantes, qui n'ont autre charge que de les traicter, & soigneusement prédre garde qu'elles ne tumbent malades, ou quelque tache leur suruienne: car autremét elles n'oseroient coucher auec l'Empereur. De ces cō

Vngrac.

DES INDES ORIENTALES

cubines on en prend six, qui sont deputées pour gardes de la chambre Imperialle par trois iours & trois nuyctz. Et quand le Roy s'en va coucher, ou que au matin il se leue du lict, incontinent elles se presentent à luy comme seruantes, & couchent en sa chambre. Le quatriesme iour, six autres succedét à ceste charge, & par trois autres iours & autant de nuictz font le seruice de la châbre. Et ainsi successiuemét les vnes apres les autres, y sont commises, & continuent leur ordre iusques à ce que tout le nombre des cent concubines ayt esté employé au seruice de l'Empereur. Or des quatre femmes legitimes l'Empereur a eu vingtdeux enfans masles. Le filz aisné de la premiere d'icelles fut nómé Chinchis, & deuoit succeder à l'Empire, mais il deceda au parauant son pere, toutesfois il delaissa vn filz nómé Temir, qui est hóme magnanime & prudét, & fort adextre aux armes: celuy doibt succeder a l'empire de son ayeul, par representation de son deffunct pere. Au surplus l'empereur Cublai à eu de ses concubines & châbrieres vingtsept enfans, qui sont tous grandz seigneurs & barons en sa court.

seruice de cócubines.

Temir.

Du palays & lieux de plaisance de la ville de Cambalu. Chap. IX.

Rois mois de l'année, asçauoir Decébre, Ianuier & Feburier l'Empereur Cublai faict sa residence en sa ville royalle de Cambalu, ou il y a vn palays sumptueux & basty de grand artifice. Il a de circuit enuiron deux lieues

lieues, ayāt mil pas de longueur en chafcune quadrature, les murailles d'iceluy font de groffe efpeffeur, ayans de haulteur cinq toifes, les paremēs defquelles par le dehors font des couleurs blāc & rouge. En chacune encoigneure des quatre murailles, y a vn palays beau & grand, enfermé de quatre tours pour feruir de fortereffes. Et au mylieu de chafcune des quatre murailles y a femblablement vn palays braue & fumptueuz, tellement que ce font en tout huict palays, efquelz on retire & garde les armes, artillerie, inftrumēs & munitions de guerre, comme arcs, flefches, trouffes, efperons, freins, lances, maffues, cordes darc & autres chofes neceffaires pour la guerre, & chafcune efpece d'armes font diuifement & par ordre en chafcun palays. Or du cofté du palays qui regarde vers midy, y a cinq portes & entrées, defquelles celle du mylieu eft la plufgrande, & n'eft iamais ouuerte, finon pour l'entrée de l'empereur. Car il n'eft permis à aucū d'entrer par icelle, finon à l'empereur, mais il y a de chafcū cofté deux autres portes, par lefquelles entrēt tous ceulx qui fuyuent l'empereur. Et au regard des autres trois pentes & coftez de muraille, n'y a qu'vne porte en chacune, par laquelle peult entrer au palays qui veult, mais entre ces premieres murailles, & au dedās d'icelles, y a vn autre mur faict comme le premier, ayant en chafcune encongneure & fur le mylieu de la muraille huict autres palais, efquelz on retire la vaiffelle & ioyaulx precieux de l'Empereur. Et fur le mylieu de cefte clofture eft le palais Royal, auquel l'Empereur

N

DES INDES ORIENTALES

faict sa demeure. En ce palais n'y a qu'vn estage, car de plancher par dessus n'y en a point, mais aussi le pauimét d'iceluy est esleué, & plus hault de dix paulmes q̃ l'ayre de la court. Le lambriz en est fort hault, enrichi de diuerses painctures, les murailles & cloisons des chambres sont reluysantes de l'or & argent dont elles sont enrichies. En tous endroictz on y void de singulieres painctures, & histoires de guerres memorables, figurées de viues couleurs, enrichies d'or. En la gran-*Salle magnifique.* de salle se peuuent asseoir à table ensemblement, enuiron six mille hommes. Entre ces grandes & premieres murailles qui enuironnent tout le chasteau, y a plusieurs iardins, & preaux plantez de diuerses sortes d'arbres fruictiers, esquelz semblablement on veoid courir infinies bestes sauuaiges, cõme cerfz, les bestes qui portent le musc, cheureux, dains & autres especes de bestes. Sur la coste de Septentrion y a des viuiers esquelz on nourrist des meilleurs poissons qui se puissent trouuer, & pour les remplir d'eaue y passe vn petit fleuue, l'entrée & sortie duquel sont garnies de grilles de fer pour empescher que le poissõ ne sorte hors, *Mõtaigne Royalle.* & suyue le cours de l'eaue. Hors ce palais à distance enuiron d'vne lieue, y a vn coustau de haulteur de cét pas, qui a de tour & circonference enuiron mille pas, lequel est planté d'arbres en tout temps verdoyantz. En ceste motte l'Empereur faict apporter de toutes pars arbres exquis & singuliers, les faisans charger sur des elephans, & transporter de païs loingtain, auec les racines pour les y transplãter. Et pource q̃ ce coustau est tousiours verd, on l'appelle la verde mõtaigne, au sommet duquel y a vn beau palais, tout paict de verd, auquel le grand Cham va souuent prendre son plaisir. Aupres du palais dessusdict, y en a vn autre magnifique & sumptueux, auquel demoure Temir le filz aisné, celuy qui doibt succeder à l'Empire, qui y tient son train, & vit royallement & magnifiquement auec ses gentilzhommes & ceulx de sa maison. Car il a tresgrande authorité & puissance, mesmes a le seau Imperial, toutesfois il est subiect au grand Cham comme à son seigneur.

La verde mõtaigne.

Description de la ville de Cambalu. Chap. X.

LA ville de Cãbalu est située en la prouince de Cathay, aupres d'vne grosse riuiere. De tout temps & anciéneté elle a esté ville royalle & fameuse, aussi le mot Cambalu signifie la cité du seigneur. Ceste ville a esté transferée par le grand Cham de l'autre costé de la riuiere. Car il auoit entendu par ses astrologues & diuinateurs, qu'elle deuoit estre au temps à venir rebelle à l'empire. La ville est construicte en quadrature egalle, & a de circuit vingtquatre mille, qui peuuent estre huict lieues françoises: car en chascune quadrature elle à six mille. Les murailles en sont blanches, de la haulteur de dix toyses, & de largeur cinq, toutesfois ceste espesseur en montant est beaucoup diminuée & amoindrie. En chacun quarré y a trois portes principales, qui sont en nombre dou-

N ii

DES INDES ORIENTALES

ze, chascune garnie de portaulx magnifiques, & sumptueux. Il y a aussi aux encoigneures des murailles, de beaux palais ou les armeures de la ville sont gardées. Les rues & places de la ville sõt si droictes qu'on peult aisément, & sans aucun empeschement veoir d'vne porte à l'autre opposite, aussi les maisons d'vne part & d'autre y sont magnifiquement basties, & semble que ce soient petitz palais. Au mylieu de la ville y a vne maison sumptueusement bastie, au feste de laquelle est pendue vne grosse cloche, de laquelle sur le soir on sonne par trois fois : & apres le troisiesme coup sonné, il n'est permis à aucun sortir hors de sa maison iusques au lẽdemain, si ce n'estoit pour cause vrgẽte cõme pour malades ou proches parés: encores ceulx qui par telle necessité sont contrainctz aller par la ville, fault qu'ilz portent auec eulx de la lumiere. Chascune des portes de la ville à mille hommes commis pour la garde d'icelle, non point pour craincte qu'ilz ayent des enemis, mais pour les larrons & volleurs, car sur tout le Roy veult donner ordre de chasser & punir les brigans & larrons, a ce que son pays n'en soit infecté.

De n'aller de nuict sans lumiere.

Des faulxbourgs de la ville de Cambalu, & marchans y demourans. Chap. XI.

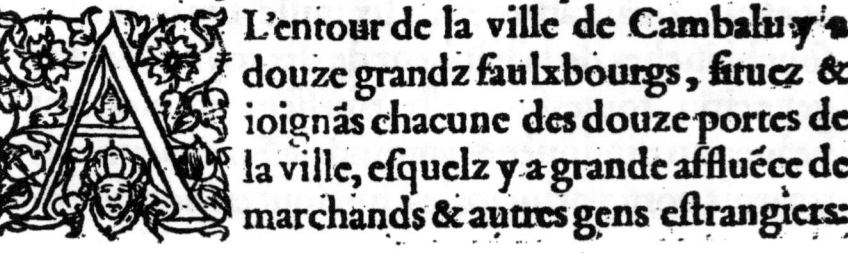A L'entour de la ville de Cambalu y a douze grandz faulxbourgs, situez & ioignãs chacune des douze portes de la ville, esquelz y a grande affluẽce de marchands & autres gens estrangiers:

LIVRE SECOND.

Car tant à l'occaſion de la court de l'Eempereur, que pour les diuerſes traffiques de marchandiſes, vne infinité de peuple y arriue, qui toutesfois s'arreſte es faulxbourgs pour faire & expedier leurs traffiques. Auſsi ne ſont les faulxbourgs moindres en magnificéce & ſumptuoſité de maiſons, que la ville, hors mis le Palais royal. Au dedans de la ville iamais ne ſe faict ſepulture ou funerailles d'aucun corps mort, mais hors les faulxbourgs, aſſauoir on faict bruſler les corps de ceulx qui adorent les idoles, & des autres ſectes, ilz ſõt inhumez & enterrez. Et pource qu'en tout temps en ce lieu y a grande affluence de gens eſtrangiers, y a auſsi dedans les faulxbourgs ordinairement enuiron vingt mille putains, mais dedans l'enclos de la ville iamais on n'en ſouffre aucune. Il eſt impoſsible de declairer la quantité des marchandiſes & richeſſes qui de toutes partz ſont apportées en ceſte ville: Car on eſtimeroit y en auoir à ſuffire pour tout le monde. On y apporte des pierres precieuſes, perles, ſoyes, & diuerſes eſpiceries des Indes, de Mangi, Cathay, & autres regions. Car ceſte ville de Cãbalu ſemble eſtre le centre & mylieu de toutes les regions & prouinces circonuoiſines. Et ne ſe paſſe iour en l'année qu'on n'y ameine par les marchans eſtrãgers enuiron mille charrettes chargees de ſoyes, deſquelles ſont faictz par les ingenieux artizãs de la ville de fort ſinguliers draps, & habillemens.

Femmes publiques pour les eſtrãgiers.

Admirable quantité de ſoyes

DES INDES ORIENTALES

Des gardes du corps du grand Cham qu'il à or-
dinairement en sa compaignie.
Chapitre XII.

Quesitan.

LE grand Cham à en sa court douze mille chevaliers qui s'appellét Quesitan, c'est adire Chevaliers fideles à leur seigneur, lesquelz sont commis à la garde de son corps: & ont quatre capitaines, chacun desquelz à la charge de trois mil chevaliers. Leur office est de suyure la personne de l'Empereur, & estre subiectz de le garder iour & nuict, aussi ilz sont à ses gaiges. Et divisét leur seruice en tel ordre, que quand vn capitaine de trois mil chevaliers aura auec sa compaignie seruy, & faict

Gardes du Grãd Chã

la garde dedás le Palais de l'empereur par trois iours entiers, les autres trois iours subsequentz vn autre capitaine (qui ce pendant se sera reposé) luy succedera, & seruira par mesme espace de temps auec trois mil autres chevaliers, puis trois iours apres vn autre auec semblable nombre de chevaliers. Ainsi continuent leur seruice successiuement par toute l'année, non point qu'il soit besoing à l'empereur de si grandes gardes, pour qu'il soit en danger de sa personne, mais affin que sa magnificence soit plus apparente & plus grande.

LIVRE SECOND. 52
De l'excellence des bancquetz & festins du grand Cham. Chap. XIII.

A magnificence qui est obseruée es banquetz de l'empereur, est en ceste maniere ordonnée. Quand l'empereur a l'occasiõ de quelque feste ou pour autre cause raisonnable, veult faire banquet en sa grãde Salle, sa table sera esleuée par dessus toutes les autres, & assise en l'endroit de la salle le plus apparent, tirant vers Septentrion, en sorte que l'empereur estant assis à table aura la face tournée vers Midy, & pres de luy à main senestre sera assise la principale & mieulx fauorisée de ses femmes, & a la main dextre seront assis ses enfans, & nepueuz, & ceulx qui seront du sang royal: toutesfois leur table sera dressée plus bas, tellement que leur teste a peine pourra toucher aux piedz de l'Empereur. Les autres grãdz seigneurs, barons & cheualiers, serõt encores en vne table plus basse, ayans chacun leurs femmes assises pres d'eulx a costé senestre, en maniere que chacun duc, cheualier ou gẽtilhomme, tient son ordre & degré, comme aussi font leurs femmes. Car tous les gentilz hõmes qui doiuẽt assister au festin & bãquet de l'Empereur, y ameinent auec eulx leurs fẽmes: & lors l'empereur estãt assis au lieu plus eminẽt, peult regarder tous ceulx qui sont assis a table en la salle. Oultre ceste grãde salle royalle, y a encores d'autres sallettes a costé d'icelles, esquelles en ces iours de

feste on traicte quelquesfois bien quarante mil hommes, desquelz la pluspart sont gens de sa court, ou autres qui viénent renouueller leurs foy & hommaiges à l'empereur. Oultre y a vne infinité de farseurs & bastelleurs, qui s'y trouuent. D'auantaige y a au milieu de la grande salle royalle vn grand vase d'or, en forme de fontaine qui produict & distille incessamment vin, ou autre breuuaige excellent, lequel tumbe, & est receu dedans quatre autres vaisseaux d'or, esquelz on l'espuise en grande abondance, pour seruir & distribuer à ceulx qui sōt asiz à table, lesquelz semblablement ne sont seruiz, & ne boiuent point en d'autres vaisseaulx q̃ de fin or. Brief, il seroit impossible d'exprimer la grande magnificéce & sumptuosité, soit en vaisselle ou autres meubles & vtensilles, dont on vse quand le grand Cham mange publiquemét en sa salle royalle. Et au regard des escuyers qui seruent l'empereur à table, ilz ont tous la bouche couuerte d'vn taffetas, ou linge delié, de peur de iecter leur halaine sur le boire & máger preparé pour la bouche de l'empereur. Et quand l'empereur prend sa couppe pour boire, tous les haulxbois & menestriers commencent à sonner de leurs instrumentz fort melodieusement: & ce pédant tous les autres seruiteurs de salle se mettent à genoulx. Il n'est besoing au surpl' de declairer la quantité des viandes qui sont portées & apposées à sa table, ne combien elles sont exquises & delicates, & de quelle pompe & magnificence elles luy sont presentées. Le disner finy, viénent les musiciés & ioueurs

d'instrumentz

LIVRE SECOND. 53

d'inſtrumentz harmonieux, ſemblablement les farceurs & nigromanciens, leſquelz tant par leurs chátz
& ſons melodieux, que par leurs geſtes & baſtelleries,
qu'ilz font deuát l'empereur, le reſiouyſſent merueilleuſement, & luy dónent grand plaiſir & paſſetemps.

Quelle magnificence on obſerue au iour natal de l'Empereur. Chapitre XIIII.

Tous les Tartares obſeruét ceſte couſtume de celebrer en grand hóneur
& magnificence le iour natal de leur
ſeigneur. Or le iour de la natiuité du
grád Cham Cublay eſt le vingthuit-
ieſme Septembre, & n'ont point de
iour plus ſolennel & ferial en toute l'année, hors mis
la ſolennité des Calendes de Feburier, eſquelles ilz có
mencent leur année. Donc en ce iour de ſa natiuité
l'empereur ſera veſtu d'vne precieuſe robe de fin drap
d'or, & ſemblablement tous de ſa court ſeront veſtuz
de leurs meilleurs & plus riches habillemés, & à chacun d'eulx l'empereur donne vne ceincture d'or de
grád prix & valeur, & des ſouliers faictz de chamoys,
couſuz de fil d'argent, de ſorte que chacun taſche de
ſ'acouſtrer & parer ce iour le plus brauement qu'il
peult en l'honneur de leur prince, qu'il ſemble à les
veoir que ce ſoient petitz Roys. Et non ſeulement au
iour natal de l'Empereur ceſte brauecé eſt obſeruée,
mais auſsi aux autres feſtes que les Tartares celebrent

Iour de la naiſſance du grand Cham.

Cómence- mét d'an- née des Tartares.

O

DES INDES ORIENTALES

du iour de la feste des blancz, tous les Roys, Ducz, Barons, Cheualiers, Medecins, Astrologues, les gouuerneurs des prouinces, capitaines & chefz de guerre, & autres officiers de l'Empereur, s'assemblent en la grande salle Royalle, & ceulx qui n'y peuuét entrer, à cause que le lieu n'est pas capable pour recepuoir si grande multitude, se retirent es autres salles qui sont à costé. Estans donc assis chacun en son ordre, & degré selon sa dignité, & office, quelqu'vn se leuera au mylieu d'entre eulx, qui dira à haulte voix : Enclinez vous & adorez. Et lors vn chascun se leuera soubdainement de son siege, se prosternant & baissant la face en terre, comme s'ilz adoroient Dieu, & font cela par quatre fois. L'adoration finie, ilz vőt tous en leur ordre à l'autel, qui est preparé au mylieu de la salle, sur vne grande table paincte de couleur rouge, en laquelle est escript le nom du grand Cham, & prenans l'encensier, qui est fort riche & sumptueux, ilz y mettent des gommes aromatiques & odoriferétes, dont auec grande reuerence ilz perfument la table & l'autel en l'honneur du grand Cham, puis chacun s'en retourne en sa place. Ayans paracheué & finy leurs ceremonies, chacun se presente à l'Empereur, & luy offre son present, (cőme cy dessus auős dict.) Puis apres que tout ce est faict & acomply, on dresse les tables, & lors se faict vn báquet magnifique, auql ilz sont traictez sumptueusement en grande ioye, & au contentemét de tous. Les tables leuées, & le disner finy, viennent les chantres & haulxbois, ensemble les farceurs, lesquelz chacun en

Adoratiõ des Tartares.

son regard, de leur harmonie & ieux refiouiffent toute la compaignie. Oultre on ameine a l'Empereur vn lyon priué, lequel fe couche à fes piedz aufsi doulx & paifible qu'vn petit chien, & le recongnoift comme fon feigneur.

Des beftes fauuaiges qui de toutes pars font enuoyées au grand Cham. Chap. XVI.

EN ces trois mois, pendant lefquelz l'Empereur (comme i'ay dict cy deffus) faict fa demeure & feiour en la ville de Cambalu, afcauoir Decembre, Ianuier & Feburier, tous les veneurs qu'il a en chacune des prouinces voyfines & adiacentes au royaume de Cathay, ne font autre chofe que f'employer à la chaffe, & toutes les groffes beftes rouffes qu'ilz prennent, cõme cerfz, ours, cheureux, fangliers, dains, & femblables beftes fauuaiges, ilz les prefentent à leurs gouuerneurs, & capitaines, lefquelz (f'ilz ne font plus loing de tréte iournées de diftance de la court de l'Empereur) enuoyent les beftes prifes, ou par nauires ou chariotz vers l'Empereur, apres toutesfois en auoir faict la curée. Mais f'il y a plus de trente iournées de chemin iufques à la court, ilz enuoyent feulemét les peaulx, lefquelles feruent, & font propres pour faire armeures.

O iij

DES INDES ORIENTALES

*Comment le grand Cham prent les bestes sau-
uaiges, auec autres bestes sauuaiges appriuoysées.* Chap. XVII.

E grand Chá faict nourrir à sa court diuerses bestes sauuaiges, lesquelles apres qu'elles sont appriuoysées & domptées, il mene auec luy à la chasse, ou il prent grand plaisir & recreation, quand il voit la beste appriuoysée combatre la sauuaige: & principalement il a des leopardz qu'il a faict dompter, qui sont merueilleusement bons à la chasse, & prennent grand nombre de bestes. Il a aussi des onces, qui ne sont moins próptz, & habilles à la chasse. Sēblablement il a de fort beaux & grans lyons, plus grans certainement que ceulx qui sont en Babylone, ilz ont en leur poil de petitz rayós de diuerses couleurs, asçauoir de blác, noir & rouge, & ceulx la sont aussi aprins à la chasse & vénerie, mesmement ilz sont grandement commodes & habilles à prendre les sangliers, les ours, cerfz, cheureux, asnes sauuaiges & buffles, ilz ont de coustume de mener deux lyons en vne chariotte, quand ilz vont à la chasse & vn petit chien qui les suyt. Oultre ce l'Empereur a plusieurs aigles priuées, qui sont si aspres & ardentes au vol, qu'elles arrestent, & prennent les lieures, cheureux, dains, & renardz, mesmes y en a d'aucunes de si grande hardiesse & temerité, qu'elles osent bien assaillir & impetueusement se ruer sur le loup, auquel elles

Lyons rayez.

Aigles priuées.

font tāt de vexation & moleſtation, qu'il pourra eſtre pris facilement & ſans grand labeur ne peril par les hommes.

De l'ordre que tient le grand Cham quand il chaſſe. Chap. XVIII.

IL y a deux barōs en la court de l'Empereur qui ont la charge & ſuperintendence ſur toute ſa vénerie, chaſcū deſquelz a ſoubz luy deux mil hommes qui dōnēt ordre à toutes choſes neceſſaires pour la vénerie, & nourriſſent de toutes ſortes de chiens, leſquelz ilz dreſſent & façonnent pour la chaſſe. Et quand le grand Cham en veult auoir le plaiſir, & demonſtrer quelque ſpectacle ſingulier: ces deux barons cy deſſus mentiōnez amenēt auec eulx leurs vingt mil hommes auec grande quantité de chiens qui ſont le plus communemēt en nombre enuiron cinq mil, & ſe mettans auec l'Empereur aux champs es lieux ou ilz veulēt chaſſer aux beſtes, apres auoir tendu leurs cordes, ilz commencēt leur chaſſe en ceſte maniere: L'Empereur ſera auec ſes gentilzhommes au mylieu de la plaine eſtant coſtoyé d'vne part & d'autre par ces deux capitaines de ſa vénerie auec leurs gens, dont les vngs ſeront veſtuz d'accouſtremens rouges, & les autres de couleur inde ou azuré. Or ilz ſont tous arrengez comme dedans vne ligne, eſtans l'vn à coſté de l'autre directement, en ſorte qu'ilz occupent en ceſte maniere ſi grande eſtendue

Forme eſtrange de chaſſer.

DES INDES ORIENTALES

de pays que d'vn bout iufques à l'autre y auroit prefque vne iournée de chemin ilz ont auec eulx tous les chiens deſſuſdictz, leſquelz apres ſ'eſtre ainſi rengez en bon ordre, ilz laſchent & prouoquent à la chaſſe, & neantmoins ilz cheminent touſiours tenans ceſt ordre,& occupans grand pays: en ſorte qu'ilz prennent grand nombre de beſtes ſauuaiges, car il y en a grande quantité au pays qui ne peuuent pas facilement eſchapper de leurs cordes, penthes, & chiens.

De la faulconnerie du grand Cham.   Chap. XIX.

Duenát le mois de Mars le grád Chá deſloge, & part de la ville de Cambalu, pour ſe retirer es campaignes, qui ſont à la coſte de la mer Occeane, menát auec luy ſes faulconniers, qui ſont quelquefois en nóbre dix mil, ayans faulcons, eſpreuiers, gerfaulx & autres oyſeaulx de proye, fort legiers & bié adextres à la vollerie. Ces faulcóniers s'eſcartét par le pays, & ayás trouué leur gibier, laſchent leurs oyſeaulx apres la proye, dont il y a grande quantité au pays, & de ce qui eſt prins la pluſgrád part eſt portée à l'Empereur, lequel ce pendant eſt aſsis ſur vn Tabernacle faict de boys, porté par quatre elephantz, & couuert de peaulx de lyon, & par le dedans doré & paré richement, ayant auec luy pour l'accompaigner & donner plaiſir & recreation aucuns Ducz ou Barons, & douze oyſeaulx de proye

Tabernacle de l'empereur.

LIVRE SECOND. 57

de proye d'eslite les plus singuliers, & à l'entour des elephans qui portent le tabernacle ou l'Empereur est assis, sont plusieurs gentilz hômes & cheualiers montez sur leurs cheuaulx, qui tousiours costoient l'Empereur, lesquelz quand ilz apperçoiuent quelques grues, phaisans ou autres oyseaulx volans en l'air, incontinent les demonstrent aux faulconniers qui sont pres l'Empereur, qui semblablement l'en aduertissent & descouurent son tabernacle, puis laschét leurs faulcons & oyseaulx de proye, desquelz l'Empereur asis en sa lictiere regarde le combat & passetemps. Oultre ce y a autres dix mil hommes qui pendant ceste volerie courent çà & là par les champs pour prendre garde quelle part vollent les faulcós & autres oyseaulx, & si besoing estoit pour les secourir, lesquelz s'appellent en langue Tartarique Toscaor, c'est à dire gardes, qui sçauent par vn certain sifflement qu'ilz font, appeller les oyseaulx qu'on a laschez apres la proye. Et n'est point de besoing que le faulconnier qui a lasché son oyseau le suyue: car ces Toscaors dessus métionnez prennent soigneusemét garde de les poursuyure, pour obuier qu'ilz ne soiét p̃duz, ou blessez, & les reprénent incótinent: & ceulx qui se trouuét les p̃miers a la rencontre de l'oyseau qui est en dangier, sont tenuz de le secourir promptement. Or chascun oyseau de proye porte en l'vn de ses piedz vne petite tablette, ou veruelles d'argent aux armoiries & enseignes du seigneur, ou de son faulconnier, affin que s'il est esgaré, on le puisse rendre a qui il appartient. Et si la mer-

Toscaor.

P

DES INDES ORIENTALES

que & enseigne ne se peult congnoistre es veruelles, on baillera l'oyseau a vn certain baron a ce depute, & qui pour ceste cause est appellé Bularguci, cest a dire conseruateur des oyseaulx esgarez: car il est commis pour garder tous les oyseaulx de proye qui luy sont apportez, iusques a ce qu'ilz soient recongneuz & demandez par leurs maistres. Autant en faict des cheuaulx & autres choses qui sont perdues ou adirées a la chasse. Et s'il aduient que quelcun ayt trouué aucune chose allant a la chasse, & ne l'apporte incontinent a ce conseruateur, mais la retienne quelque temps, il sera reputé & puny cõme larron. Au moyen de quoy ce Preuost ou commissaire des choses perdues, pendant les chasses & venneries se tient en lieu assez eminen, tau quel il a son enseigne desployée, affin d'estre recongneu en si grande quátité de peuple, & que plus aysement les choses trouuées luy soient apportées, ou de luy repetées, par ceulx qui les ont perdues.

Bularguci
Conseruateur des choses esgaries.

De la magnificence des tentes & pauillons du grand Cham. Chap. XX.

EN chassant, & prenant ainsi le plaisir du vol des oyseaulx, on vient iusques a la grãde plaine de Caciamordim, ou sont tenduz & preparez brauemét enuiron dix mil tentes & pauillons pour le grand Cham, & tous les gétilzhommes de sa court, lesquelz pauillons sont dressez & disposez en l'ordre

Caciamordim.

LIVRE SECOND.

que sensuyt. Le premier & plus apparét est fort grád & spacieux, soubz lequel peuuent commodement loger mil hommes, ayant son ouuerture & entrée vers Midy. En iceluy logent les barons, cheualiers & gentilzhommes, pres duquel sur la coste d'Occident y a vn pauillon assez ample qui sert de salle pour l'Empereur, quád il veult parler a ceulx qui ont affaire a luy, & iouxte laquelle est dressée vne autre tête ou l'Empereur couche & repose. Et a l'entour de ces troys tentes y a d'autres sallettes & chambres ioignantes & cótigues pour entrer de l'vne en l'autre. Mais les tentes ordónées pour la personne de l'Empereur, ensemble ce grand pauillon pour ses nobles, sont dressez & disposez en ceste façon. Elles sont esleuées sur trois colónes faictes de boys fort odoriferant, & taillées a létour de diuers & magnifiques ouuraiges. Oultre sont couuertes de peaulx de lyó rouges, & noires: car on trouue au pays grande quantité de lyons de diuerses couleurs, & ne peuuent les tentes ainsi couuertes estre aucunement endommagées par pluyes, ne par vétz: Car le cuyr de telles peaulx est si fort & dur, qu'il ne peult estre facilement percé ne entamé. Et le dedans des tentes est tout doublé de belles & riches peaulx d'armynes, & martes souz belines, combien que mesmes en ce pays elles soient fort requises & precieuses, & que la fourrure d'vne robe de telles peaulx coustera bien quelquefois deux mil florins. Et au regard des cordages qui soustiennent ces troys tentes, ilz sont de fine soye. Il y a plusieurs autres pauillons dressez a l'en-

Pauillō de l'empereur

Martes sou belines cheres en Tartarie.

P ij

tour de ces troys, esquelz sont logez les femmes, enfans & damoyselles du grād Cham. En apres y a d'autres pauillons, qui ne sont destinez que pour les faulcōs, espreuiers, aultours, tierceletz, gerfaultz, & autres oyseaulx de proye. Brief il y a si grande quantité de tentes & pauillons, qu'a les veoir de loing on iugeroit en ceste plaine estre asise vne grosse ville, ioinct que oultre les seruiteurs domestiques, & la suytte de l'Empereur, y a grand nombre de gens oyseux, qui pour leur plaisir suyuent la court affin d'auoir le passetemps de la chasse, lesquelz font dresser leurs tentes, & y sont habituez, & appropriez aussi bien, que s'ilz estoient dedans la ville de Cambalu, mesmes y a grād nombre de medecins, astrologues & philosophes. En ceste belle campaigne l'Empereur seiourne tout le moys de Mars, & ce pendant prend a la chasse & au vol, infinies bestes & oyseaulx. Aussi n'est permis ne loysible a aucun, pendant ce moys d'aller a la chasse en toute ceste prouince, au moins au dedans de vingt iournées a lentour: & mesmes de nourrir & auoir en sa maison aucun chien de chasse, ne oyseau de proye, & principalement depuis le commencemēt du moys de Mars, iusques au moys d'Octobre, cela leur est interdict & deffendu, & n'oseroient en quelque maniere que ce soit prendre cerfz, dains, cheureulx, lieures & semblables bestes de chasse. De la vient que le pays est si abondant & plein de bestes rousses, qu'elles sont si priuées, que pour estre rēcontrées par les hommes, elles ne daigneroient fuyr, ne se destourner. Apres auoir finy ceste chasse, l'Empereur se retire en son Palais, ou par trois iours entiers il tient maison ouuerte a tous, mesmes a ceulx qu'il auoit appellez pour luy faire compaignie a la chasse, ausquelz en apres il donne congé d'eulx retirer en leurs maisons.

De la monnoye & grandes richesses du grand Cham.
Chapitre XXI.

LA monnoye du grand Cham n'est faicte d'or, d'argent, ne autre metal: mais ilz prennent l'escorce du mylieu de l'arbre appellé meurier, laquelle ilz assemblent & conioignent puis la diuisent & taillent en diuerses pieces rondes, les vnes grandes, autres petites: puis en icelles impriment les characteres & armoyries de l'empire. La moindre piece vault vn petit tournois, les autres vn peu plus grandes valent demy gros de Venise, autres plus grandes valent deux gros de Venise, autres cinq, autres dix: il y en a qui valét vn escu, autres deux, autres cinq. Au moyen dequoy l'Empereur faict monnoyer en sa ville de Cambalu si grande quantité de pecune de ceste matiere vile, qu'il y en à a suffire pour tout son empire. Et n'est loysible a aucun en tous ses royaumes, pays, terres & seigneuries, sur peine de la vie, de fabriquer ne employer autre monnoye, ne aussi la refuser aucunement. Et si quelqu'vn vient d'autre pays, ou royaume qui n'est sub-

Monnoye d'escorce de Meurier.

P iiij

ject au grand Cham, il n'oseroit en tout l'empire mettre ne employer autre monoye: en sorte que bien souuent les marchandz venans de pays loingtain & regions estráges, en la ville de Cambalu, combien qu'ilz ayent grande quantité d'or, d'argent, perles, & autres pierreries, sont contrainctz neantmoins les bailler, & prendre pour iceulx en payement de la monnoye desusdicte. Et pour autant qu'ilz n'en pourroient faire leur proffit en leur pays, quád ilz s'en veullent retourner, sont encores contrainctz la changer ou en achepter de la marchandise, qu'ilz emportent auec eulx en leur pays: mesmes quelquefois l'Empereur mánde aux habitás de Cambalu que ceulx qui ont de l'or, de l'argent ou pierres precieuses, qu'ilz ayent incontinent a les porter & bailler a ses officiers, pour en auoir & retirer d'eulx de la monnoye Imperialle iusques a la concurrence de la valeur & estimation d'icelles. Par ces moyens aduient que les bourgeois & marchandz ne souffrent aucune perte ne dommaige, & neantmoins l'Empereur tire a soy tout l'or & l'argent de son pays, qui luy cause vn tresor inestimable. De celle mesmes monoye il paye les gaiges de ses officiers, la soulte de ses gensdarmes & soldatz, & pour toutes choses qu'il a besoing pour sa court, il n'employe que ceste monnoye. Veu donc que de neant & matiere vile il faict monnoyer si grande quátité de pecune, par le moyen de laquelle il retire vne infinité d'or & d'argent de ses pays terres & seigneuries, & oultre n'employe autre chose pour les prouisions de sa court, payemét d'officiers, & foulte de gendarmes, il est facile a coniecturer qu'il n'ya Prince ne Roy en tout le monde qui le surmonte en richesse & opulence.

Des douze gouuerneurs des prouinces de l'empire, & de leur charge & office. Chap. XXII.

LE grand Cham a en sa court douze barons, qui sont ses lieuxtenans sur trentequatre prouinces, l'estat & office desquelz est de commettre en chascune prouince deux gouuerneurs pour donner ordre & pouruoir de toutes choses necessaires aux armées, bādes & garnisōs es lieux & endroictz ou elles sont arrestées, & de ce qu'ilz ordonnét, ilz aduertissent l'empereur, qui de son auctorité & maiesté Imperialle confirme ce que par eulx à esté determiné & ordōné. Ces douze barons peuuent dōner & ottroyer beaucoup de priuileges, franchises & immunitez, au moyen dequoy le peuple leur porte grand honneur & reuerence, & capte leur faueur & bonne grace. Ilz font leur demeure & residence en vn grand palais, assis dedans la ville de Cambalu, qui pour le regard de l'office leur est deputé & affecté, & en iceluy ont plusieurs salles & chambres, pour eulx & leur train & seruiteurs. Ilz ont auec eulx des lieuxtenans & assesseurs, pour seruir de cōseil & des secretaires pour songneusement rediger par escript, ce qui est par eulx faict & ordonné.

Douze barons gouuerneurs en Tartarie.

DES INDES ORIENTALES

Des postes & courriers du grand Cham, &
de leur demeure & assiette.
Chap. XXIII.

Hors la cité de Cambalu y à plusieurs voyes & chemins tendás aux prouinces circonuoysines, en chascun desquelz a huict lieues ou enuiron de distance de la ville de Cambalu, sont assises les postes, qui sont petitz chasteaulx ou maisons magnifiquement basties, esquelles se retirent & logent les heraulx & courriers en passant, & sont appellées en leur lāgue Ianli, c'est a dire la demeure des cheuaulx: car en chascune d'icelles y à trois ou quatre cens cheuaulx tousiours prestz, attendans les courriers. De là passant oultre a huict lieues, on trouue l'autre poste, qui n'est en rien differente a la premiere, & consecutiuement & en pareille distance se continuent les autres postes, iusques aux frontieres & limites de l'empire, en sorte qu'en tout l'empire sur les grandz chemins publicqs se trouuent enuiron dix mil postes assises. Et au regard du nombre des cheuaulx qui sont esdictes postes entretenuz & destinez pour les courriers, y en a enuiron deux cens mil, mesmes dans les forestz & lieux desertz ou n'y à aucune demeure ne habitation humaine, se trouuerōt neantmoins de semblables postes: toutesfois a distance de dix ou douze lieues l'vne de l'autre. Et fault que les villes circonuoysines & habitans du pays, au dedans duquel les postes sont assises,

Ianli.

LIVRE SECOND.   61

ses, fournissent & administrent le fourraige pour les cheuaulx, & les viures pour ceulx qui les gardēt. Mais a celles qui sont assises dedans les bois & desertz, toutes choses necessaires leur sont administrées par les officiers de l'Empereur, lequel par ce moyen quand il veult sçauoir & entendre quelques nouuelles faictes en pays loingtain, incōtinent faict depescher ses courriers qui en grande diligence executans son mandement feront en vn iour quatre vingtz ou cent lieues, tellement qu'en bien peu de temps ilz expedierōt vn grād païs. Ce qui se faict en ceste maniere: On enuoye deux courriers, lesquelz ne cesseront de picquer tant qu'a grande course de cheual ilz soiēt arriuez a la premiere poste, a laquelle ilz lairrōt leurs cheuaux las & en prendront deux autres frais & reposez, sur lesquelz en pareille course & diligence, ilz tendront a l'autre poste, & continuent ainsi leurs courses, allans & venans, sans intermission ne demeure, portans les pacquetz & mandemens de l'Empereur en peu de iours iusques aux limites de l'Empire. Et par mesme moyen en rapportent responsé, ou autres nouuelles certaines a l'Empereur. Oultre ce y a encores entre les susdictes postes, d'autres maisons & hostelleries d'vne ou deux lieues de distance l'vne de l'autre, esquelles se retirent & logent les messagiers de pied, chascun desquelz a vne ceincture garnie de sonnettes, & sont tousiours prestz, pour quand quelques pacquetz ou lettres de l'Empereur leurs sont presentées, de les porter en toute diligence a la premiere hostellerie. Et deuant qu'ilz

Maniere d'aller en poste.

Postes à pied.

Q

DES INDES ORIENTALES

y arriuent on entend de loing le bruit des sonnettes du messagier, au moyen dequoy les autres se tiennent prestz, attendant sa venue. Et le pacquet receu, incontinent le portent a l'autre hostellerie, ainsi le pacquet est porté de main en main, sans aucune retardation iusques au lieu ou il est enuoyé: dont souuentesfois aduient qu'en moins de trois iours l'Empereur sçaura des nouuelles, ou receura quelq̃ nouueauté de fruictz d'vn lieu qui sera distant de dix grandes iournées de sa court. Or tous ces courriers & messagers tãt de pied que de cheual, sont exemptz de tous tributz, tailles & subsides, & oultre reçoyuent gros gaiges & sallaires par les tresoriers des finances de l'Empereur.

De la prouidence de l'Empereur au temps de cherté.
Chapitre XXIIII.

Tous les ans le grãd Cham a de coustume enuoyer ses courriers en diuerses prouinces subiectes a son empire, pour s'enquerir si les bledz ont esté gastez, ou aucunement endommagez, par les saultereaux ou autre vermine, ou si quelque pestiléce, ou autre iniure de temps auroit causé au pays sterilité. Et quãd il est certioré que quelque ville ou prouince en souffre grande disette ou famine, il remet au peuple les tailles & tributz pour ceste année, & leur enuoye grande quãtité de bledz tant pour leur viure, que pour ensemen

Remission de tailles.

cer la terre. Car au temps de fertilité & abondance de bledz, l'Empereur en faict faire grand amas & prouifió, qu'il faict foigneufemét garder p trois ou quatre années en fes greniers, affin que s'il en aduient difette au pays, il y puiffe fubuenir, & fupplier le deffault par telles prouifions. Et lors il faict vendre fon bled a petit & vil pris, en forte que le muyd fera vendu des quatre partz moins que fi on l'acheptoit d'vn autre. Semblablement fi quelque pefte ou maladie contagieufe eft tūbée fur le beftail, il remet pour cefte année fon tribut ordinaire, & leur faict vendre & deliurer d'autre beftail. D'auātaige pour obuier a ce que les courriers ou autres paffans par la prouince de Cathay ne f'efgarent ou fouruoient de leur chemin, ce faige & prudent Empereur y à pourueu en cefte maniere : Par les grandz chemins il à fait planter grande quantité d'arbres, bien peu diftans & eflongnez l'vn de l'autre, & rengez de tel ordre, qu'ilz demonftrent comme au doigt, le vray & droict chemin par lequel il fault aller ou lon pretend. Au refte quant au grand nombre de pauures, qui font par luy nourriz toute l'année, & quelles aumofnes il faict ordinairement en pain, bledz & froment on le reputeroit incroyable, fi ie m'arreftois a le declairer, mais ie peuz bien affeurer pour verité, que par chacun iour de l'année il nourrift de pain enuiron trente mille pauures, & ne veult fouffrir fon pain eftre denyé a quelque perfonne que ce foit, au moyen de quoy fes fubiectz l'eftiment & reputent comme Dieu.

Prouifion de bledz.

Adreffes de chemīs

Aulmofnes du grād Chā.

Q ii

DES INDES ORIENTALES

De quelz breuuages vsent ceulx de Cathay au lieu de vin.   *Chap. XXV.*

Breuuage de riz.

LEs habitans de la prouince de Cathay ont vne maniere de breuuage faict de riz, auec diuerses espieeries, qui a le goust & saueur plus excellent & delicieux que le vin: & ceulx qui en boiuét oultre mesure, & plus que leur naturel ne peult porter, & qu'ilz en ont besoing, en seront pluftost enyurez, que s'ilz auoient beu du vin.

Des pierres qui bruslent comme boys.
Chapitre XXVI.

Pierres au lieu de boys.

PAr toute la prouince de Cathay es mõtaignes d'icelle se tirent certaines pierres noires, lesquelles mises au feu bruslent comme boys, & conseruent le feu assez long temps: en sorte que si au soir elles sont embrasées, elles retiendront toute la nuict leur feu & brasier vif. Et pource qu'en plusieurs endroictz ilz ont faulte de boys, la plus part des habitans d'icelle prouince se seruent & vsent de ces pierres pour leur chauffaige au lieu de boys.

LIVRE SECOND.

De la riuiere de Pulisachniz, & d'vn pont magnifique qui est sur icelle.
Chap. XXVII.

IVsques icy en ce second liure nous auons descript l'assiette, grandeur & trafficque de la cité de Cambalu, ensemble auons incidément & en passant, quelque peu traicté de la magnificence, pompe & opulence, du grand Cham. Maintenant l'ordre des choses requiert que nous declairions l'estat des regions circonuoysines, affin de descouurir en peu de parolles les choses memorables d'icelles, & ce qui y est faict & trouué. Or ainsi que moy Marc Paule estois par le commandemét & commission du grand Cham, enuoyé pour aucuns affaires concernans l'Empire, en certaines parties loingtaines, ou ie fuz detenu par les chemins l'espace de quatre mois, en allant & venant i'ay curieusement recherché, cósideré & noté ce que ie rencótrois par les chemins digne de memoire: & mesmement depuis mon partemét de la ville de Cambalu a trois ou quatre lieues pres d'icelle, ie trouuay vn beau grand fleuue appellé Pulisachniz, qui se desgorge en la grád mer Occeane, & par la bouche d'iceluy plusieurs nauires chargées de marchádises montent a mont, & entrent dedans le pays. Aussi y trouuay vn beau & sumptueux pont faict de marbre, de la longueur de trois cens pas, & huict de large, assis sur vingtquatre belles

solicitude de l'autheur.

Le fleuue de Pulisachuiz.

Pont magnifique.

grandes arches bien voultées, & le dessus aorné & enrichy d'ouuraiges, mesmes de grans lyons esleuez en bosse d'vne part & d'autre.

Des places situées oultre la riuiere de Pulisachniz.
Chapitre XXVIII.

Yans passé ceste riuiere oultre le pont de marbre, on trouue continuellement iusques a dix lieuës en auant, de beaulx chasteaulx & maisons de plaisance, ensemble des vignes & terres labourables, & iusques a ce qu'ō vient a la ville de Geoguy, qui est vne belle & grande ville, en laquelle y a plusieurs monasteres dediez aux idoles. On y faict d'excellens draps d'or & de soye, & des linges deliez fort exquis. Oultre en ceste ville y a plusieurs hostelleries publiques pour receuoir les estrangers & passans. Les habitans sont marchandz & artizās. Hors de la ville on trouue vn carrefour ou le chemin est separé en deux, l'vn tirant vers la prouince de Cathay, l'autre vers le pays de Mangy sur la coste de la mer. Au chemin qui tend en la prouince de Cathay on trouue plusieurs villes, chasteaux, iardins & bonnes terres bien fertiles, desquelles la pluspart des habitans sont marchandz & ingenieux artizans, oultre qu'ilz sont fort humains & affables aux estrangers, ne se ressentans aucunement de la ferité des autres Tartares.

LIVRE SECOND. 64

Du royaulme de Tainfu. Chap. XXIX.

APres auoir cheminé par dix iournées depuis la ville de Geogui, on entre au royaume de Tainfu, lequel est grand, bien peuplé & cultiué, & y a grande quantité de vignes: combien qu'en la prouince de Cathay ne croist aucun vin, mais on y en mene & trásporte du royaume de Tainfu: auquel s'exercent plusieurs autres traffiques, mesmement y a de bós artisans & armeuriers, & toutes les armeures & instrumétz de guerre dont vse le grand Cham en ses batailles y sont faictes & fabriquées. De la passás oultre, & tirans vers occidét, on vient en vne prouince plaisante & delectable, en laquelle y a plusieurs villes & chasteaux, ou lon faict de grandes traffiques de marchandise. Encores tirans oultre apres auoir cheminé sept iournées, on vient en vne belle grande cité appellée Pianfu, en laquelle y a grande abódance de soyes. *Pianfu.*

Du chasteau de Chincuy, & de la prinse du Roy d'iceluy. Chapitre XXX.

DE la ville de Piáfu y a deux iournées iusques a vn beau & braue chasteau appellé Chincuy, lequel a esté construict & basty par vn nommé Darius, qui estoit ennemy de ce grand seigneur qu'on appelle Presteiehan. *Darius.*

DES INDES ORIENTALES

Ce chasteau est si bien fortifié par art & par nature, que Darius estant dedás ne craignoit aucun, quelque puissant Roy ou seigneur que ce fust: dont plusieurs grandz seigneurs & gouuerneurs des prouinces voisines se complaignoiët, qu'il ne se trouuoit aucun qui le peust vaincre & surmonter. Or ce grand Roy Presteichan auoit en sa court sept ieunes gëtilz hommes vaillantz & hardiz a tout faire, lesquelz par sermét solennel luy promisrent de luy liurer en ses mains ce Roy Darius, lequel semblablement leur promist de grandz biens en recompense, s'ilz accöplissoient leur promesse. Ce faict ilz partent & viënent a la court du Roy Darius, & luy presentent leur seruice, dissimulás leur malicieuse affection: lequel ne se donnant garde de leur cautelle & meschanceté, les receut en son seruice comme bons & fideles seruiteurs, & toutesfois par deux ans entiers ne sceurent executer ce que de si long temps ilz auoient entreprins & deliberé. Or ce Roy desia se confiant en eulx, cöme les ayant esprouué fideles par le temps de deux ans, voulut aller s'esbatre & resiouyr aux cháps, & sortit de son chasteau iusques à demie lieuë pres, ayát en sa compaignie seulement les sept ieunes hommes auec quelque petit nöbre d'autres soldatz. Lors eulx voyans l'heure cömode & opportune pour descouurir leur trahison de long temps excogitée, desgainerent leurs espées sur luy, & finablement le prindrent captif, & l'amenerent à Presteichan pour satisfaire a leur promesse, lequel en fut merueilleusement ioyeulx, & le commist pour estre

Histoire.

estre berger & gardien des bestes, & pour l'y cōtraindre, luy bailla bonnes gardes. Ayāt ce Roy vescu l'espace de deux ans entre les berges & pasteurs, Presteiehan commanda qu'on l'habillast de vestementz royaulx, & qu'en tel accoustrement il fust amené deuant luy, au quel il dist: Ie cognois maintenāt par experience cōbien est petite ta puissance, veu que ie t'ay faict prendre en ton royaulme, & par deux ans faict viure entre le bestail comme berger, & maintenant si ie veulx ie te puis faire mourir, & n'y a homme viuāt qui te peust sauluer de mes mains. A quoy il respondit qu'il disoit verité, & que ainsi estoit. Lors Presteian luy dist: Pource que t'es tant humilié que ne t'estimes rien au regard de moy, ie veulx d'oresenauant te recognoistre pour amy: & pour toute victoire il me suffist d'auoir eu la puissāce de te faire mourir si i'eusse voulu: & lors luy feit deliurer cheuaulx & cōpaignie honorable pour le mener & cōduire iusques en son chasteau. Et deslors ce Roy Darius tāt qu'il à vescu à tousiours porté honneur & reuerence a Presteiā, & obey a tout ce qu'il luy à voulu commander.

Harengue de Presteiā.

Du grand fleuue de Caromoram & pays circonuoisin. Chap. XXXI.

Vltre le chasteau de Chincuy a sept ou huict lieuës on trouue le fleuue de Caromoram, lequel pour sa grāde largeur & profondité n'a aucuns pontz, & vient tūber dedans la grande mer Occeane. Sur les riuages d'i-

DES INDES ORIENTALES

celuy sont basties & edifiées plusieurs belles villes & chasteaulx, esquelles s'exercent de grandes traffiques de marchandise: car le pays est fertil & abondant en gingembres, soyes & oyseaulx, mesmement de phaisans. Ce fleuue passé (apres auoir cheminé deux iournées) on vient en la ville de Cianfu, qui est belle & gentille, & ou lon faict d'excellens draps d'or & de soye. Tous les habitans de la ville (comme semblablement de toute la prouince de Cathay) sont idolatres.

Cianfu.

De la cité de Quenquinafu. Chap. XXXII.

Trans oultre par dix iournées, on trouue par les chemins plusieurs villes & bourgades, belles campaignes & iardins de plaisir. La region est abódante & copieuse en soyes: aussi y a de belles chasses pour les bestes & oyseaux. Et si tu passe oultre par huict iournées tu paruiédras a vne grande cité appellée Quenquinafu, qui est la pricipale & capitale ville du Royaume, lequel du nom de ceste ville préd sa denomination, ayant esté anciennement fort riche & opulét, & de grand renom: à present le filz du grand Cham nommé Mangala en est roy & gouuerneur. Ceste region produict grande quantité de soye, & toutes choses necessaires pour la conseruation de la vie humaine. Il s'y faict plusieurs traffiques de marchádises: les habitás sont idolatres. Hors la cité en vne belle plai-

Quenquinafu.

ne est situé le Palais royal, ouquel Mangala auec ses gens & courtisans faict sa demourance. Semblablement au mylieu de la ville y a vn autre beau & sumptueux palais, duquel les murailles & cloisons par dedás sont toutes dorées. Le Roy s'exerce ordinairemét a la chasse & vennerie des bestes rousses, & au vol des oyseaux, par ce qu'il y en a grande abódance au pays.

De la prouince de Cunchy. Chap. XXXIIII.

Sortant de ceste ville & palays d'icelle, apres auoir cheminé par trois iournées, on trouue vne belle grande campaigne, en laquelle y a plusieurs villes & chasteaux, & grand abondance de soyes. Ceste campaigne à son estédue iusques on soit venu a vn pays montueux, tellement peuplé que non seulement sur les coustaux on y trouue situées de belles villes & chasteaux, mais aussi es vallées & fondrieres d'icelle, & sont de la prouince de Cunchy. Les habitás sont idolatres & bons laboureurs. Il y a aussi en ce pays des chasses aux bestes sauluages, comme lyós, ours, cerfz, cheureux, dains & semblables bestes. Ceste prouince a d'estendue vingt iournées, tant montaignes que vallées, & plusieurs forestz, toutesfois en tous endroictz se treuuét hostelleries pour receuoir & loger les passans, en sorte que par le chemin ilz ne seuffrent aucune incommodité de viures.

Pays bien peuplé.

DES INDES ORIENTALES

De la prouince Achalechmangi. Chap. XXXIIII.

Achalechmangi.

A Cunchi est contigue & ioignante vne autre prouince appellée Achalechmāgi, qui est sur la coste d'Occident, & contient plusieurs citez, villes & chasteaux, mais la capitale est appellée Achalechmangi, pource qu'elle est limitrophe de la prouince de Mangi. Ceste prouince à vne grande plaine, contenant troys iournées de chemin, apres laqlle on trouue plusieurs montaignes & vallées, ensemble quelques forestz : & contient vingt iournées d'estendue, assez bien peuplée de villes & chasteaux. Au demourāt n'est en rien differéte a l'autre prouince de Cunchi: car il y a aussi des marcháds, artisans, laboureurs, & des véneurs aux bestes sauuages. Oultre y a des bestes qui portent le musq: d'auantage le gingembre y croist en aussi grāde abondance comme le bled & le riz.

De la prouince de Cindinsu. Chap. XXXV.

Sindinsu.

SEmblablemét à ceste derniere prouīce est voisine & cōtigue la prouīce de Sindinsu qui aussi est limitrophe à la prouīce de Māgi. La ville capitale d'icelle s'appelle Sindinsu, laquelle autres fois à esté grande & opulente, ayant six lieuës de tour. Aussi auoit vn Roy fort riche & puissant, lequel delaiſſa trois enfans ſes heritiers & ſucceſſeurs en ſon royaulme, qui diuiſerét en trois parties ceſte ville de Sindinfu, faiſans clorre de haultes murailles chaſcune portion de la ville, combien que le tout fuſt dedans l'enclos des premieres murailles: mais le grand Cham à depuis reduict & aſſubiecty a ſon empire & la ville & le royaulme. Au trauers de la ville paſſe vn fleuue appellé Quianfu, qui a de largeur enuiron vn quart de lieuë, & eſt fort profond & de bonne peſcherie. Sur les riuages d'iceluy ſont aſsiz pluſieurs villes & chaſteaux. La bouche de ce fleuue dés l'édroict ou il ſe deſgorge en la mer eſt a diſtáce de la ville de Sindinfu de quatre vingtz dix iournées: au moyen de quoy par iceluy grande quantité de nauires chargées de marchandiſes ſont conduictes à mont. Auſſi y à ſur iceluy en la ville de Sindinfu vn pont de pierre, ayant de longueur vn grand quart de lieuë & plus, & de largeur quatre toiſes: ſur lequel au matin les artiſans dreſſent pluſieurs eſtaux & boutiques, leſquelles ſur le ſoir ilz oſtent & tranſportent. Bien y à ſur iceluy vne maiſon baſtie, en laquelle demeurent les officiers de l'Empereur qui reçoiuét des paſſans les portz & peages. En paſſant oultre par cinq iournées on trouue vne belle gráde plaine, en laquelle il y à pluſieurs villes, chaſteaux & villaiges, dont les habitás font trafique de grande quantité de linges deliez: on y veoit auſſi grand nombre de beſtes ſauuages.

Le fleuue Quianfu.

R iij

DES INDES ORIENTALES

De la prouince de Thebeth. Chap. XXXVI.

Thebeth prouince destruicte.

APres ceste gráde plaine dõt i'ay parlé, icelle passée on vient en la prouince de Thebeth, laquelle le grand Cham a gastée & destruicte, car il y a plusieurs villes ruynées & chasteaulx rasez. Elle contient en longueur l'espace de vingt iournées de chemin. Et pource que maintenant a cause de ces ruynes elle est totalement deserte & non habitée, il est necessaire à ceulx qui y passent de porter auec eulx des viures à suffire pour vingt iournées de chemin. Oultre ce que depuis qu'elle a esté delaissée & abandonnée des hommes, les bestes sauuaiges s'y sont retirées & y repairent à present en si grande quantité qu'elles rendent le chemin fort perilleux & dangereux aux passans, mesmement de nuict. Toutesfois pour remedier a ce danger les marchandz & autres viateurs ont inuenté ceste cautelle. En ce pays croissent de grandz roseaux qui ont sept ou huict toyses de longueur, & de grosseur tant qu'on peult circuir de trois empans, & ont trois autres empans de distance entre les deux neudz. Donc quand les marchandz & autres se veulent reposer de nuict, ilz font de gros fagotz de ces roseaux qu'ilz assemblent en vn tas, ou apres ilz mettent le feu: & si tost qu'ilz viennent à sentir le feu ilz commencent à peter & faire si grand bruit qu'on le peult entendre d'vne grande demye lieuë alentour: tellement que les

Cautelle des marchandz.

bestes sauuaiges oyans ce bruit en sont si espouétées, qu'elles ne cessent de fuir tát qu'elles ne l'oyent plus: par ce moyen les marchandz & viateurs ayans ainsi abusé les bestes, peuuent en seureté reposer & passer toute ceste prouince: mesmes les cheuaux & autres bestes dont s'aydent les marchandz en leur voyage s'effrayent merueilleusement de ce bruit: dont est aduenu que aucunes se sont mises en fuitte & ont esté perdues: mais les prudens viateurs sçauent bien a cela remedier en mettant des entraues es iambes de leurs bestes affin de les retenir par force, & empescher qu'elles ne s'enfuyent.

D'vne region qu'on trouue oultre Thebeth, & des villaines coustumes d'icelle.
Chap. XXXVII.

Yans cheminé par vingt iournées, & passé ceste prouince de Thebeth, on trouue plusieurs villes & villages: esquelz à l'occasion de leur grande idolatrie est obseruée vne tresvillaine & meschante coustume: car il n'ya homme au pays qui iamais espouse & prenne à femme vne fille pucelle: mais s'il se veult marier à quelqu'vne, il fault premierement qu'elle ayt esté violée par plusieurs hommes: car ilz dient qu'vne fille n'est bonne à marier si premierement elle n'a esté despucellée: pour ceste cause quand a quelques marchandz ou gens estrágers leur

Filles prostituées au parauant qu'estre mariées.

chemin s'adonne a passer & loger en ceste contrée, les
Prostitutiõ femmes du pays qui ont des filles à marier, les amenét
de filles. à ces hostes estrangers, aucunesfois vingt, quelques
fois trête ou plus, selon le nombre des hostes: lesquelz
elles prient affectueusement que chascun d'eulx pren
ne vne de leurs filles, & de coucher auec elles, & en
faire a leur plaisir tát qu'ilz delibererót seiourner au
pays. A quoy les hostes vaincuz, par les prieres de ces
honnestes matrones, facilement obtemperent, & choi
sissent chascun vne ieune fille à leur gré, quilz rendét
apte & idoine pour estre mariée: & quád ilz s'en veul
lent aller on ne leur permet iamais d'en emmener aucune, mais fidelement les fault rendre à leurs parens.
Bien prendra la fille quelque petit don ou ioyau de
celuy qui l'aura despucellée pour luy seruir d'enseigne & indice à monstrer qu'elle n'est plus vierge.
Et celle qui aura esté aymée & violée par plus grand
nombre d'amoureux, & qui pourra monstrer à ceulx
qui la demandent en mariage plus grand nombre de
telz ioyaulx, sera estimée la plus noble, & en sera plus
haultement & honorablement mariée. Et si vne fille se
veult brauement parer pour se monstrer en compaignie, elle pendra a son col tous les presens & ioyaulx
que luy ont donné ses amoureux : & d'autant qu'elle
a esté agreable & aymée de plusieurs personnes, d'autant sera iugée de plus grand honneur & louenge.
Mais aussi depuis qu'elles sont entrées au lien de mariage, il ne leur est plus permis d'auoir aucune com-
munication ne accointance auec les estrangers, mais
sont

LIVRE SECOND.

sont contrainctes garder leur foy inuiolable à leurs mariz. Et sur toutes choses les hommes du pays se donnent garde de se faire tort en cela l'vn a l'autre. Ce sont gens idolatres & fort cruelz, qui n'estiment faire peché ne offence s'ilz pillent & desrobent. Ilz viuent des chasses & des fruictz de la terre. Ilz ont en leur pays grande quantité de bestes qui portent le musc, qu'ilz appellent Gadderi. Ilz chassent souuent a ces bestes & les prennent auec leurs chiens, au moyen de quoy ilz ont grand abondance de musc. Ilz ont langaige propre & distinct des autres, & leur mōnoye particuliere, & sont habillez de peaulx de bestes ou de gros chanure rude. Ceste côtrée est de la prouince de Thebeth, qui est vne ample prouince & de grand estendue, diuisée en huict royaulmes assez bien peuplez de villes & bourgades. Le pays est bossu & môtueux. On y trouue de l'or en quelques endroictz, mesmes en certaines riuieres. Ilz vsent pour leur mōnoye de certaines pieces de coral, qui est vne pierre fort exquise & de grād pris entre eulx: mesmes les femmes en fōt des chesnes & carquans alentour de leur col, & en parēt leurs idoles comme de chose singuliere & precieuse. En ce païs y a des chiens aussi grans que asnes, & seruent a la chasse des bestes sauuages : aussi y à grand nombre de faulcōs & autres oyseaulx de proye. Il y croist grāde quātité de canelle & autres espiceries aromatiques. Ceste prouince est subiecte & tributaire au grand Cham.

Gadderi bestes portās musc.

Monnoye de coural.

S

DES INDES ORIENTALES

De la prouince de Caniclu, & de la coustume infame des habitans d'icelle.
Chap. XXXVIII.

Lac ou l'on trouue des perles.

A La prouince de Thebeth sur la coste d'Occidēt est voisine & contigue la prouince de Caniclu, qui a son Roy particulier, lequel toutesfois est tributaire au grād Cham. En icelle y a vn lac, auquel on trouue si grande quantité de perles, que s'il estoit permis a vn chacun les transporter a son plaisir, on n'en tiendroit plus aucun compte. A ceste cause il est deffendu sur peine de la vie, que aucū ne pesche en ce lac, & en tire des perles sans l'expres vouloir & permission du grand Chā. Il y a aussi en ceste prouince des bestes appellées Gadderi, qui portent le musc en grande abondance. Oultre ce lac auquel on trouue si grāde quātité de perles est fort peuplé de poissons, & la region pleine de bestes sauuages, comme lyons, ours, cerfz, dains, onces, cheureux, & de diuerses sortes d'oyseaux. Il n'y croist aucun vin, mais au lieu de vin ilz font de tresbonnes boitures de froment, riz, & autres diuerses es-

clou de girofle.

piceries. On y trouue le clou de girofle en grande abondance, lequel est recueilly de certains arbres qui ont petites branches, & portent fleur blāche qui produict vn fruict, dedans lequel est encloz comme petitz grains le clou de girofle. Semblablement y croist le gingembre en grande quantité, la canelle & autres espiceries, qui ne sont point transportées iusques en nostre pays d'Occident. Encores on trouue es montaignes de ceste contrée des pierres precieuses appellées Turquoises qui sont fort belles, mais on n'en ose transporter hors du pays sans le congé & permission du grand Cham. Les habitās du pays adorent les idoles, par lesquelz ilz sont tellement abusez, qu'ilz pensent leur faire chose agreable & digne de remuneration, de prostituer & abandonner leurs femmes & filles à tous venās pour en faire leur plaisir. Car si quelques estrangers en passant vōt loger en leurs maisons, incontinēt le chef du logis appellera sa femme, ses filles, & autres femmes & chamberieres qu'il aura en sa maison, & leur commandera d'obeyr en toutes choses à ses hostes: & quant a luy s'en yra dehors, laissant en sa maison ses hostes & leurs compaignōs, & n'y retournera iusques a ce qu'ilz en soient partiz. Et ce pendant le principal hoste estrāger qui loge en ceste maison estendra son manteau ou autre enseigne deuant la porte du logis: & quād le maistre de la maison retourne, & il cognoist par ce signe q̄ ses hostes ne sont encores partiz, il n'entrera point en sa maison, mais retournera aux champs en attēdant qu'ilz soient deslogez: par ce moyen l'estranger peult seiourner en vne maison par deux ou trois iours. Telle coustume (encores qu'elle soit infame) est obseruée par toute la prouince de Caniclu, & n'y a aucun qui impute à deshōneur d'abandonner sa femme ou sa fille à vn estranger passant par le pays, ains estiment le faire pour la

Turquoyses.

Coustume impudique.

S ij

DES INDES ORIENTALES

gloire de leurs dieux, lesquelz par ce moyen ilz esperent leur estre plus propices & fauorables. Pour leur monnoye ilz ont de petites vergettes d'or de certain poix, selon lequel est la valeur de la monnoye, & celle qui est de vergettes d'or, est la plus grande & de plus hault prix: mais il y en a d'autre de moindre valeur qu'ilz font en ceste maniere: Ilz font cuyre du sel en vn chaudron sur le feu, duquel ilz font en certains moulles de petites masses qu'ilz r'assemblent & souldent ensemble, puis les exposent pour monoye. Laissans ceste prouince on chemine par dix iournées, ou lon trouue en chemin plusieurs chasteaux & villages, les habitans desquelz viuent soubz mesme coustume que ceulx de Caniclu. Finablemét on vient a vn fleuue appellé Brius, qui faict vn des limites de la prouince de Caniclu. En ce fleuue on trouue dans les arenes grande quantité d'or, qu'ilz appellent Paglola: semblablement sur les riuages d'iceluy croist la canelle en grande abondance.

vergettes d'or pour monnoye.

Brius fleuue ou lon trouue de l'or en ses arenes.

De la prouince de Caraiam. Chap. XXXIX.

Vltre le fleuue de Brius se presente la prouince de Caraiam, qui contiét sept royaulmes, & est subiecte & tributaire au grand Cham, l'vn des enfans duquel nómé Esentemur estoit lieutenant & gouuerneur de la prouince du temps que i'estois en ce pays. Les habitans

LIVRE SECOND. 71

d'icelle sont idolatres. Elle produict de fort bons cheuaulx, & à son langaige propre & particulier, & toutesfois difficile & fascheux à prononcer. La ville capitale d'icelle est appellée Iaci, qui est grande & bien fameuse, & en laquelle se font plusieurs foires & traffiques de marchandise. Aussi y habitent quelque peu de Chrestiens Nestorians,& plusieurs Mahumetistes. Ilz ont grande quantité de fromét & de riz, combien qu'ilz n'vsent point de pain de froment, car ilz ne le pourroient digerer sans grande douleur & debilitation d'estomach: mais ilz font le pain de riz. Semblablement ilz font leurs boitures de diuerses espiceries, lesquelles toutesfois les enyurent plus facilemét que le vin. Ilz vsent en lieu de monnoye de petites pieces qui se trouuent en la mer, dont les aucunes sont dorées, les autres blanches. En ceste ville ilz font grande quantité de sel de l'eaue des puyz: duquel le Roy tire de grandz proffitz & emolumés. Les gens du pays sont si lourdaulx & stupides, qu'ilz ne se soucient point si on faict l'amour à leurs femmes, pourueu qu'elles le vueillent bien. Il y a en ce pays vn lac bien commode pour les pescheries, lequel contient de circuyt plus de trente lieuës. Les paysans mangent la chair cruë, mais ilz la preparent en ceste maniere: premierement ilz la hachent bien menu, puis la font cófire dedans des huilles odoriferantes & de bonnes espices, en apres la mangent ainsi accoustrée.

Iaci ville capitale.

Forme de monnoye.

Sel d'eaue de puys.

Gēs viuās de chair crue.

S iiij

DES INDES ORIENTALES

De certain endroict de la prouince de Caraiam auquel y a serpens de grandeur incroyable.
Chapitre   XL.

Artant de la cité de Iaci apres auoir cheminé par dix iournées on vient en vn autre royaume duquel la ville capitale est appellée Caraiam, & d'iceluy estoit lors Roy & gouuerneur Cogracam l'vn des enfans de l'Empereur Cublai: ceste ville de Caraiam à baillé le nom a toute la prouince. Es fleuues du pays se trouue grande quantité d'or, qu'ilz appellent Paglola: on en trouue semblablement en quelques mares, & es montaignes: mais il est d'autre espece. Les habitás sont idolatres. La region produict en certains endroictz de grandz serpens dont les aucuns ont dix pas de longueur, & en la circonference de leur grosseur dix empans. Les aucuns n'ont point de piedz sur le deuant, mais au lieu d'iceulx ont de grands ongles cóme d'vn lyon ou d'vn faulcon. Leur teste est fort grosse & leurs yeulx grandz comme de la capacité de deux pains: ilz ont en oultre l'ouuerture de la gueule si grande & espouentable qu'ilz peuuent engloutir & deuorer vn hôme entier: il ne fault point s'enquerir si leurs maschoueres sont bien garnies de dentz fort grandes & agues: car il n'ya homme ne beste qui les puisse sans grande frayeur regarder, tant s'en fault qu'il en ose approcher: & toutesfois on les prend en ceste maniere

Or trouué es arenes des fleuues

serpës horribles.

LIVRE SECOND. 72

Ce serpent a de coustume se latiter de iour es cauernes soubz terre ou dans la concauité de quelques montaignes ou rochers, & de nuict il sort & se pourmene par pays cherchant le repaire des autres bestes pour trouuer dequoy se repaistre, car il ne craint quelque beste que ce soit tant grande soit elle : il deuore les grandes & petites, soit lyons, ours, ou autres bestes, & apres s'en estre bien repeu & auoir remply son ventre, il retourne en sa cauerne & taisniere. Et au moyen de ce que le pays est fort sablonneux, c'est chose admirable a veoir la place ou il s'est veautré & quelz vestiges de son corps il imprime dedans le sablon : on diroit vn tonneau plein de vin y auoir esté roullé & tournoyé. Or les chasseurs qui taschent a le prendre fichent de iour dedans le sable plusieurs gros pieux, fors, roides & bien ferrez par le bout en forme de dentz agues, lesquelz ilz couurent de sablon de peur qu'ilz soyent apperceuz par le serpent, & en mettent ainsi grande quantité dedans la terre, mesmement aux endroictz & pres le lieu ou ilz sçauent que le serpent se retire. Et quand il viét à sortir de nuict à sa maniere acoustumée pour chercher sa proye & qu'il traine ceste grande masse de corps par dessus le sablon qui obeist, il aduient quelques fois q̃ la beste s'enferre & se fiche les pieuz poinctuz dedans son estomach, tellement que d'elle mesmes se tue ou blesse grandement : & lors les chasseurs sortent de leurs cachettes & tuent la beste si elle est encores viuante : de laquelle ilz arrachent le fiel qu'ilz vendent bien cherement, car il est bien medicinal. Et

Maniere de prẽdre les serpẽs.

Fiel de serpent medicinal.

DES INDES ORIENTALES

si aucun qui soit mors d'vn chien enragé en boit tant soit peu & comme le poix d'vn denier il sera incontinent guery. Semblablement vne femme estant en trauail d'enfant si elle en prend quelque peu son enfantement sera grandemét aduancé. Et si quelqu'vn souffre les hemorroides ou mal de broches au fondemét, en oignát le lieu de la douleur auec vn peu de ce fiel, il sera en peu de temps guery entieremét. Et au regard de la chair du serpent ilz la vendent, car les habitans du pays en mangent voluntiers. On y trouue aussi de fort bons cheuaulx que les marchandz menent vendre en Indie, & ont de coustume leur oster deux ou trois neudz de la queue, pour obuier qu'ilz n'en frappent ceulx qui sont môtez dessus, & qu'ilz ne puissent iouer de leur queue deça & dela, car ilz estiment cela deshonneste. Ilz vsent en guerre de pauois & d'armeures faictes de cuyrs de buffles: & toutes leurs lances dardz & fleches sont empoisonnées. Or au parauant que le grand Cham Cublay eust reduict ceste prouince en sa subiection, ilz obseruoiét entre eulx vne malheureuse & detestable coustume: que si quelque personne d'estrange pays qui fust vertueux & de bonnes meurs, prudent en faictz & en parolles, brief excellent en toute honnesteté, logeoit en leur pays, de nuict ilz le faisoient mourir, soubz vmbre d'vne folle persuasion qu'ilz auoient que ses bonnes meurs, prudence, honnesteté, graces, mesmes l'ame du defunct demouroiét à perpetuité en ceste maison: & ceste desloyauté & detestable crudelité à esté cause que plusieurs

Cheuaulx de Caraiā

Coustume detestable & cruelle

sieurs gens de bien y ont esté meurdriz & occis. Mais le grand Cham si tost qu'il a subiugué le pays, & reduict a son empire, il a exterminé totalement ceste impieté & folie extreme.

De la prouince d'Arcladam & des sacrifices & idolatries des habitans.   Chap. .XLI.

Trans oultre Caraiá (apres auoir cheminé par cinq iournées) arriuasmes en la prouince d'Arcladam, qui pareillemét est subiecte au grand Chá. La principale ville d'icelle est appellée Vnchiam. Les habitás traffiquét & vsent en lieu de monnoye de l'or au poix: car d'argent en tout ce pays, ne autres regions circõuoysines ne s'en trouue poít. Mais ceulx qui y en portét, le chá gent facilemét pour de l'or, & y gaignent beaucoup. Leur boyture est artificielle, composée de riz auec diuerses espiceries, cõme cy dessus auons dict. Les hommes & les femmes du pays couurent leurs dentz de petites lames d'or bien tenues, lesquelles ilz scauent si bien approprier qu'il semble que leurs dentz soient enchassées en or. Les hommes sont expers a la guerre, aussi n'ont autre exercice q̃ de la guerre & de la chasse, tant aux bestes qu'aux oyseaulx. Au regard des femmes, elles ont le soing du mesnage, ayãs des seruiteurs esclaues acheptez, qui sont perpetuellemét astrainctz à leur seruice. Oultre en ceste prouince y a vne cou-

Vnchiam.

T

stume que quand vne femme est accouchée d'enfant, elle releue le plustost qu'elle peult pour soigneusement prendre garde aux affaires de la maison, & lors
Les hômes en gesine. le mary tiendra au lict la place de l'accouchée, prenãt garde à l'enfant: & ne faict la mere autre chose alendroict de son enfant, sinon de luy bailler la mammelle quand il en est besoing: & ce pendant les parens & amys viennent visiter le mary estant au lict couché, tout ainsi que pardeça on va visiter les commeres: car ilz dient que c'est chose bien raisonnable que la femme qui à eu tant de peines & trauaulx a porter l'enfant en sonventre & le mettre sur terre qu'elle soit par quarante iours sans auoir charge ne prendre peine apres l'enfant, toutesfois elle traicte son mary au lict.
Idolatrie. En ceste prouince n'y a point d'autres idoles sinon que chacune famille adore son pere: leur demourance est le plus communement es lieux de bocages & montaignes, mais les estrangers ne montent point en leurs coustaux, car ilz ne pourroiét souffrir l'air qu'on
Forme de côtracter. dict y estre fort corrumpu. Ilz n'ont aucunes lettres ne characteres, mais ilz font leurs côtractz & obligations par petites tablettes qu'ilz diuisent par moictié, & chacun des côtrahãs en garde vne moictié, lesquelles ilz viennent apres a conferer ensemble & rapporter leurs signes & merques l'vn contre lautre, & par ainsi recongnoissent la cause de tel contract. Il n'y à point en ce pays de medecins non plus qu'es prouinces de Caniclu & Caraiam: mais quand quelqu'vn est malade ilz assemblét leurs sages qui sont les ministres

de leurs idoles, ausquelz le patient declaire sa mala- *Inquisitio*
die: laquelle entendue ilz se mettét a danser, & iouent *diabolique*
de certains instrumentz chantans & hurlans a haulte *sur l'eue-*
voix en l'hôneur de leurs dieux, iusques a ce que l'vn *nemét d'v-*
d'entre eulx en saultant, iouant, & chantát, tumbe par *ne mala-*
terre surprins & possedé du diable: lors les sages ces- *die.*
sent leur danse, & viennent a leur compagnon demoniaque estendu par terre, & luy demádent la cause de
la maladie du patient, & quel remede sera expedient
pour sa guarison: A quoy le malin esperit par la bouche du demoniaque respódra, pource qu'il à faict ou
cecy ou cela, ou qu'il à grandemét offensé vn tel dieu
ou vn tel, il est tumbé en telle maladie. Alors les sages
prient affin que ce dieu luy remette & pardonne l'offence, luy faisant promesses & veux que si le pacient
vient a conualescence, il luy fera sacrifices & oblatiós
de son propre sang. A quoy le maling esperit s'il veoit
que la maladie soit si extreme & dágereuse que le patient n'en puisse estre guery, respódra: cestuy à si grief
uement offensé tel dieu, que par nulles oblations ne
sacrifices ne peut aucunement estre appaisé. Mais s'il
doibt venir a conualescence de telle maladie, il luy
commádera de luy faire sacrifice de tant de moutós,
ayans les cornes noires, & d'apprester telle quantité
de telz breuuages & assembler tel nombre de sages &
autant de leurs femmes, par les mains desquelz soit
faict & presenté le sacrifice, pour appaiser l'ire de ce
dieu. Ouye laquelle response les proches parens du
malade le plustost qu'ilz peuuent, donnent ordre

T ii

DES INDES ORIENTALES

Sacrifices diaboliques.

d'accõplir entierement ce que l'esperit maling à commandé, & tuent autãt de moutons & en gettent, & respondent le sang cõtre le ciel, puis cõuoquent & assemblẽt les sages & leurs fẽmes, qui allumẽt de grãdz flambeaux & perfument toute la maison d'encens, ensemble de fumée de bois d'aloes: & la decoction des chairs sacrifiées gettent par l'air auec certains breuuages composez d'espiceries aromatiques. Apres lesquelles choses deuëment paracheuées, ilz se mettent de rechef a danser en l'honneur de cest idole qu'ilz estiment auoir rappaisé, & rendu propice & fauorable au malade, en chantant de voix horrible & espouentable. Ce faict, ilz interroguent encores leur compaignon demoniaque sçauoir si par leurs œuures l'idole est appaisé. S'il respond que non, incontinent se preparent pour accomplir ce que d'abondant leur sera commandé. Mais s'il respond qu'il est content & satisfaict, tous ces ministres & enchanteurs se mettent a table & mãgent a grande ioye la chair des bestes immolées & sacrifiées, & boyuent les breuuaiges composez & presentez en sacrifice a leurs dieux. Apres le disner finy & paracheué chacun se retire chez soy. Et au regard du malade s'il aduient que par telle diabolique prouidence il soit deliuré de la maladie, & vienne a conualescence, ces pauures gens aueuglez en rendent graces a leurs idoles diaboliques, & non au vray Dieu, duquel ilz n'ont aucune cõgnoissance.

De la bataille qui fut entre les Tartares, & le Roy de Mien. Chap. XLII.

EN l'an de nostre salut mil deux cens quatrevingtz & deux, s'esmeut grande guerre pour le royaume de Caraiam, duquel auons cy dessus parlé, & le royaume de Botiam: qui fut cause que le grád Cham enuoya vn des princes de sa court nommé Nescordim auec douze mil cheuaulx pour secourir & defendre la prouince de Caraiam de toutes molestations & entreprinses. Or ce Nescordim estoit homme prudent & hardy, ayant en sa compaignie de braues & vaillans hômes, & bien experimentez aux armes. De la venue duquel les Roys de Mien & Bangala aduertiz furent grandement effroyez, estimás qu'il fust venu pour les assaillir, & conquester leurs royaumes: au moyen dequoy pour luy resister feirent amas de gés, & assemblerent leurs forces iusques au nombre de soixante mil hommes, tant de pied que de cheual, & oultre deux mil elephans portans chasteaux, en chacun desquelz estoient douze, ou quinze, ou seize hommes en armes bien equippez. Le Roy Mien ayant dressé ceste armée la feit marcher vers la cité de Vociam, pres de laquelle s'estoient cápez les Tartares, & desia par trois iours entiers y auoient seiourné en la campaigne. De telle entreprinse Nescordim aduerty, & que si grosse armée marchoit contre luy, fut aucunement estonné,

Nescordim, capitaine des Tartares.

T iiij

DES INDES ORIENTALES

combien qu'il difsimulaſt ſa peur & crainɕte le plus qu'il pouuoit: & toutesfois ſe confioit & aſſeuroit grādement, en ce qu'il auoit en ſa compaignie de braues hommes, vaillās & adextres aux armes, encores qu'ilz fuſſent beaucoup moindres en nombre. A ceſte cauſe ſe deliberant receuoir virillement ſon ennemy, ſi l'occaſion s'y preſentoit d'vn grand & hardy courage les meiſt aux champs, & s'en vint camper pres d'vn boys fort eſpes de grandz arbres & buiſſons: s'aſſeurāt que les elephans auec leurs tours & chaſteaux n'euſſent peu y entrer, ne les endommager. Incontinent que le Roy Miē ſentit approcher les Tartares, ſe delibera les deuācer & premier les aſſaillir: mais les cheuaulx des Tartares ayans apperceu les elephās (qui eſtoient ordonnez & cōſtituez en l'auantgarde) furent tellemēt eſpouuentez, qu'ilz cōmencerent a reculer, & ne peurent pour picquer n'autrement eſtre eſmeuz de paſſer oultre contre les elephās: en ſorte que les hommes de cheual furent contrainɕtz mettre pied a terre, & attacher leurs cheuaulx aux arbres, puis venir aſſaillir vertueuſement les elephans. Et pource qu'ilz auoient mis a la poiɕte tous leurs archers & arbaleſtriers (qui eſtoient bien adextres a tirer) ilz cōmencerent a charger leurs ennemys de ſi grand nombre de fleches, que les elephās bleſſez en pluſieurs endroiɕtz ne peurent ſouſtenir tel effort, & ſe meirent en fuitte, prenantz furieuſemēt leurs courſes vers les foreſtz prochaines, & n'en peurent eſtre aucunement deſtournez par leurs gouuerneurs, quelque peine, induſtrie ou diligence

Bataille du Roy Mien cōtre les Tartares.

qu'iz sceussent y mettre, mais couroient ça & la, & a l'entrée des boys rompoient leurs chasteaulx, & renuersoient par terre les hômes armez qui estoient dedans, qui causa vn grand desordre & confusion. Ce que voyans les Tartares, incontinent retournent a leurs cheuaulx, sur lesquelz ilz montent, & de grande violence & impetuosité se ruent sur leurs ennemys: lesquelz desia estonnez dont leur auātgarde estoit réuersée, & leurs elephans destournez, se deffendirent le mieulx qu'ilz peurent, & viennent a eulx ioindre & batailler a la main, & lors se renouuella la bataille fiere & cruelle, tellement qu'il en tūba beaucoup d'vne part & d'autre, & toutesfois le Roy Mien fut finablemēt mis en route, & se saulua a la fuyte auec quelque peu de ses gens. Lors les Tartares les poursuyuirent, & en tuerent grande quantité, en sorte qu'ilz demourerent victorieux. Apres laquelle victoire, ilz se iecterent dedans la forest a la poursuitte des elephans qui s'estoient enfuyz de l'auantgarde des ennemys, mais sans l'ayde d'aucuns de leurs captifz & prisonniers, iamais n'en eussent peu prendre aucun, tant ilz estoiēt effaroufchez, toutesfois ilz en prindrent enuirō deux cens. Depuis ceste bataille & deslors en auant le grand Cham à commencé vser & soy ayder en guerre d'elephās, dont au parauāt il ne s'estoit iamais seruy pour cest vsage, & n'en auoit aucuns qui a ce fussent instruictz & aguerriz. Peu apres le grād Cham conquesta par armes tout le pays & terres du Roy Mien, lesquelles il annexa à son empire.

Victoire des Tartares.

DES INDES ORIENTALES
De la prouince de Mien, & des bocaiges d'icelle.
Chapitre XLIII.

SOrtans de la prouince de Caraiam, on vient en vne grande vallée qui dure pres de trois iournées, tousiours en deuallant, & sans y trouuer aucune habitation, encores qu'il y ayt vne belle plaine, en laquelle par trois iours en la sepmaine on faict de grandes traffiques, & y a grande assemblée de peuple comme en vne foire. En icelle descendent des haultes montaignes du pays plusieurs personnes qui apportent de l'or pour le cháger & permuter auec de l'argent, & baillent ordinairemét vne once d'or pour cinq onces d'argent. Au moyen de quoy plusieurs marchans des nations, & pays estranges y viennent pour y faire telles traffiques & permutations de l'argent auec l'or. Mais au regard de ces haultes montaignes, les paysans qui y demourent, & recueillent l'or dessusdict, y viuent en grande seureté, & sans crainte d'estre molestez. Car elles sont inaccessibles aux estrágers, pource que les chemins en sont si fascheux & difficiles, que plustost on s'y esgare, que de r'encótrer les cachettes de ces paysans. De la on viét a la prouince de Mien, laquelle sur la coste de Mydi est limitrophe des Indes, & contient plusieurs grandz boys & forestz esquelz repairent infiniz elephans, licornes, & autres bestes sauuages: au reste le pays est desert & nó habité d'aucuns hommes.

Permutation d'or a l'argent.

De la

LIVRE SECOND.

De la cité de Mien, & sepulture du Roy.
Chapitre   XLIIII.

Yant cheminé par quinze iournées, on vient a trouuer vne cité appellée Mien, qui est grãde & fameuse, aussi elle est capitale de tout le royaulme, subiecte & tributaire au grand Chá. Les habitás d'icelle ont lãgaige particulier, & sont idolatres. En ceste cité autresfois y a eu vn Roy fort riche & opulẽt, lequel estant sur la fin de ses iours commanda vn sepulchre luy estre edifié & construict en ceste forme: qu'en chacune encoigneure de son tumbeau on feist vne tour de marbre de la haulteur de cinq toises, en obseruant l'espesseur selon la proportion de la haulteur, lesquelles tours fussent rondes en leur summité, & l'vne d'icelles entierement couuerte d'or, au feste de laquelle fussent pẽdues plusieurs petites clochettes d'or, afin qu'estás esbranlées par le vent, rendissent vn son doulx & armonieux. Semblablement vne autre tour couuerte d'argent, ayant aussi de petites clochettes d'argẽt suspendues en sa summité pour rendre autre son par l'agitation du vent. Lequel sepulchre ce Roy feit construire en l'honneur de son nom, & pour perpetuer sa memoire enuers les hommes. Et lors que le grand Cham subiuga la prouince de Mien, il defendit expressement aux gensdarmes de demolir & ruyner ceste sepulture qui auoit esté erigée en l'honneur

Sepulture du Roy de Mien.

V

DES INDES ORIENTALES

du nom de ce Roy. Ioinct que les Tartares (encores qu'ilz soient fort cruelz & sans pitié) ne veulét iamais violer les sepultures, n'autres choses qui concernent les trespassez. En ceste prouince y a grande quantité d'elephans, & de beaulx & grandz buffles, cerfz, dains & autres diuerses especes de bestes sauluages.

De la prouince de Bangala. Chap. LV.

LA prouince de Bangala sur la coste de Midy, est prochaine & contigue a l'Inde, laqlle n'auoit encores esté conquestée par le grand Cham lors que ie demourois en sa court: toutesfois il auoit dressé & enuoyé vne grosse armée pour la subiuguer & rendre tributaire. Ceste region à son Roy & langaige propre & particulier. Tous les habitans d'icelle sont idolatres, qui viuent de chair, de riz & de laict. Ilz ont grande quantité de soyes & cottõ, a cause desquelz se font au pays plusieurs grandes foires & marchez. Aussi y a grande abondance de spicnarde, galange, gingembre, sucres, & autres diuerses espiceries. Oultre y a de grandz beufz, & aussi gros qu'elephans, mais non du tout si *Enfans chastrez.* grãdz. Ilz ont vne tresmauuaise coustume de chastrer les enfans, pour en apres les vendre aux marchandz qui les transportent en diuerses prouinces.

LIVRE SECOND.

De la prouince de Cangigu.
Chap. XLVI.

Apres auoir passé la prouince dessusdicte en tirant vers Orient, se presente la prouince de Cangigu, laquelle semblablement à son Roy & langaige particulier, & les habitás d'icelle sont idolatres, subiectz & tributaires du grand Chá. Leur Roy à enuiron trois cens femmes. On trouue en ceste prouince grande quátité d'or, & espiceries aromatiques, mais elles n'ont point de traicte, & ne se peuuent facilement transporter, au moyen de ce que le pays est fort eslongné de la mer. Oultre y à grand nombre d'elephás, & de belles chasses aux bestes sauuages. Les habitans viuent de chair, laict, & riz cóme ceulx de Bangala. Ilz n'ont aucun vin, mais ilz font vne boiture excellente, composée de riz & d'espiceries. Les hommes & femmes indifferemment ont de coustume se paindre le visaigne, le col, les mains, le vétre, & les euisses, *Hommes painctz.* y imprimans & engrauans auec des eguilles plusieurs figures, comme de lyons, dragons, oyseaux & autres animaulx, lesquelles y tiennent si fermemét qu'il n'est pas facile les oster & effacer: & tant plus ilz ont sur leurs corps de telles figures & images imprimées, tant plus ilz sont estimez beaux.

V ii

DES INDES ORIENTALES
De la prouince Amu. Chap. XLVII.

LA prouince d'Amu est assise sur la coste d'Orient, subiecte au grád Cham, les habitans de laquelle adorent les idoles, & ont langaige peculier. Ilz ont de grádz trouppeaulx de bestail & abondance de viures. Oultre ont grand quátité de beaux cheuaulx que les marchandz tirent du pays pour mener en Inde. Aussi y à force beufz & buffles, car les pasturages y sont fort bons. Tant les hommes que les femmes portent en leurs bras certains ioyaulx & braceletz d'or ou d'argent de grand valeur.

De la prouince de Tholoman. Chap. XLVIII.

EN tirant vers Orient se presente la prouince de Tholoman a distáce d'Amu de huict iournées: laquelle est aussi de la dition & seigneurie du grád Cham, ayant langaige propre, & les habitans d'icelle adonnez au seruice des idoles. Les hommes & femmes du pays sont de belle stature, encore qu'ilz soient bruns. La terre y est fertile & bien cultiuée, & le païs bié peuplé, & garny de belles villes, chasteaux, & forteresses. Les hommes sont fort adextres aux armes, pource qu'ilz sont ordinairement exercitez a la guerre. Ilz font brusler les corps de leurs propres pa-

rens trespassez, & le reste de leurs os & cendres ilz en- *Forme de*
ferment soigneusement en des boistes qu'ilz cachent *garder les cendres*
dedans quelque creux de montaignes, de peur qu'ilz *d'un tres-*
ne puissent estre trouuez, & attainctz par les hommes *passé.*
ne par les bestes. Il se trouue en ce pays grande quantité d'or: & toutesfois au lieu de monnoye ilz vsent de
petitz grains d'or qu'ilz trouuent dedãs les arenes de
la mer.

De la prouince de Ginguy. Chap. XLIX.

E Tholoman tenant encores le che-
min vers Orient, on paruiét a la pro-
uince de Ginguy: toutesfois on chemine par douze iournées le long de
vne riuiere, iusques a ce qu'on arriue a vne grande villasse appellée
Sinulgu. Tout le pays est subiect & tributaire au grãd *sinulgu.*
Cham, & les habitans d'iceluy idolatres. On y faict *Draps d'e-*
d'excellens draps d'escorces d'arbres, dont ilz s'abil- *scorces*
lent en temps d'esté. Oultre y à si grande quantité de *d'arbres.*
lyõs, que pour la crainte d'iceulx ilz n'osent sortir de
nuict hors leurs maisons, car ilz sõt si cruelz, que tout *Lyons*
ce qu'ilz rencontrent ilz despecent & deuorent. Mes- *cruelz.*
mes les nauires & basteaulx qui montent & descendent aual la riuiere ne sont iamais attachez aux riuaiges d'icelle pour la crainte des lyons, mais sont arrestez au mylieu du fleuue par le moyen des ancres: autrement s'ilz estoiét garrez au bort de l'eaue, les lyõs
viendroient de nuict en grand nõbre qui entreroient

V iii

DES INDES ORIENTALES

dedans, & tous ceulx qu'ilz rencôtreroient les deschireroient & mangeroient. Et combien que les lyons y soient fort grandz, fiers & cruelz, toutesfois nature à pourueu au pays de chiens qui sont si fors & hardiz qu'ilz ne craignent d'assaillir les lyons: au moyen de quoy aduient souuentesfois qu'vn homme qui sera bon archer, monté sur son cheual auec deux chiens renuersera vn lyon & le fera mourir: car les chiens quand ilz sentent approcher le lyon, auec grand abboy & clameur l'assaillent, mesmement quand ilz se voyent secouruz par l'ayde de l'homme, & ne cessent de mordre le lyon es parties de derriere & soubz la queuë combien que le lyon se reuanche fierement, ouurant la gueule pour espoanter les chiens, leur presentant & la dent & les ongles, & se retournãt habillement d'vne part & d'autre affin de les abbatre & desmembrer: neantmoins les chiens vsent de grande ruse, & preuoient si bien que facilement le lyon ne les peult attaindre & blecer: ioinct que l'homme de cheual luy presente le traict sur l'arbaleste bandée, ou la fleche sur l'arc tendu quand il s'efforce enuahir les chiens. Et toutesfois le lyon à de coustume fuyr quãd il se voit ainsi assailly, craignãt que par le grand bruit & abboy des chiens ne suruiennent & soient prouoquez sur luy d'autres hommes & chiens, ou bien s'en va acculer contre quelque arbre, ou il se fortifie, s'asseurant du derriere, & lors tournant la gueule ouuerte contre les chiens, de toute sa force se defend d'eulx: mais ce pendant l'homme qui est a cheual ne cesse de

Chasse aux lyõs.

tirer sur luy & le charger de fleches, tant qu'il l'ait renuersé & faict mourir: aussi que les chiens luy donnét tant d'affaires, & le pressent si fort, qu'il n'apperçoit point les coups de traict iusques a ce qu'il tumbe. Il y à grande abondance de soyes en ce pays, lesquelles les marchandz transportent en diuerses contrées.

Des villes de Cacausu, Canglu, & Ciangli. Chapitre L.

Vltre la prouince de Ginguy on trouue par pays plusieurs villes & chasteaulx, & iusques apres auoir cheminé par quatre iournées, on paruient a la noble & renommée cité de Cacausu, qui est de la prouince *Cacausu.* de Cathay, située sur la coste de midy: en laquelle y à grande abondance de soyes, dont on faict d'excellens draps & taffetas entremeslez de fil d'or. De la passant oultre a trois iournées vers Midy, se presete vne autre grade cité appellée Canglu, en laquelle se trouue grã *Canglu.* de quantité de sel, car la terre y est fort sallée, & en tirét le sel en ceste maniere. Ilz fõt vn grãd amas de terre *Forme de* en forme d'vne motte, puis gettét par dessus de l'eaue, *faire sel* affin qu'elle tire & emmene auec soy la saumure de la *de terre.* terre, laquelle eaue se reçoit dans vn fossé au pied de la motte, duquel ilz l'espuisét & la font bouillir sur le feu, tant qu'elle se congelle en sel. A cinq iournées de ceste ville de Canglu se trouue vne autre ville appel-

DES INDES ORIENTALES

lée Ciangli, par le mylieu de laquelle passe vne grosse riuiere qui porte nauires & basteaux chargez de marchandise: qui cause qu'en ce lieu y à de belles foires & grandes traffiques de marchands.

Des villes de Tadinfu & Singuimatu. Chap. LI.

Passans encores oultre par six iournées en tirant vers le Midy, on vient a la grande cité de Tadinfu, en laquelle y auoit vn Roy au parauant qu'elle eust esté subiuguée, & faicte tributaire au grand Cham: & d'icelle dependent quarante autres villes, qui luy sont subiectes & ressortissantes, esquelles y à d'excellés iardins, car le pays est plaisant & delectable. Encores oultre icelle a trois iournées vers Midy se presente vne autre belle cité appellée Singuimatu, en laquelle descéd de la coste meridionalle vne grosse riuiere, que les habitans ont diuisée & separée en deux, dont l'vne tire en Orient vers la prouince de Mangi: l'autre à son cours en Occident vers Cathay. Par ces deux bras d'eaue sont amenez a mont la riuiere infiniz basteaux chargez de marchandises. De Singminatu, si tousiours vous tirez vers Midy cheminát par douze iournées, vous trouuerez continuellement par les chemins plusieurs villes & bourgades, bien peuplées & frequentées de marchádz, & ou il se faict de grandes traffiques. Les habitans sont idolatres & subiectz au grand Cham.

Singui-matu.

Du grand

LIVRE SECOND. 81

Du grand fleuue de Caromoran, & des villes de Cor-gangui & Caigui. Chap. LII.

EN continuant le premier chemin, on rencontre vne grosse riuiere appellée Caromorá, qu'on dict auoir sa sourse & origine du royaume de Presteian. Elle tient de largeur plus d'vn grand quart de lieuë, auec vne telle & si grãde profondité, que les gros nauires chargez y peuuent aisement monter & aualler: oultre elle est fort abondante & copieuse en poissons, dont on faict de belles pescheries. Assez pres de la bouche de ce fleuue, a l'endroict ou il se desgorge en la grãd mer Occeane, y a enuiron de quinze mil nauires que le grãd Cham faict tenir tousiours prestes & garnies de toutes munitions, affin que si le cas aduient qu'il soit necessaire passer son armée es Isles de la mer circonuoisines, cela puisse estre facilement & promptement executé. Les aucuns de ces nauires sont si grãdz, qu'ilz sont capables de receuoir & loger quinze cheuaulx, & autant d'hommes, auec tous leurs viures & fourrages necessaires. Et en chacun nauire y a enuiron de vingt nautonniers & pilotes. Sur les riuages de ceste riuiere, & pres l'endroit de la station des nauires y a deux belles villes, l'vne appellée Corgágui, & l'autre Caigui. Ceste riuiere passée, on entre incontinét en la noble prouince de Mangi: les louáges & singularitez de laquelle seront declairez es chapitres subsequens.

Prouisions de nauires du grand Cham.

Corgãgui, & Caigui

X

DES INDES ORIENTALES
De la prouince de Mangi, & de la debonnaireté & iu-
stice du Roy d'icelle. Chapitre LIII.

Facfur,
Roy de Mã-
gi.

LA prouince de Mangi a eu autresfois vn Roy nommé Facfur, qui estoit si riche & puissãt, qu'il n'auoit en tout le pays son superieur en puissance, hors mis le grand Cham. Son royaume estoit si bien fortifié, qu'on l'estimoit inuincible, au moyen dequoy nul ne l'osoit assaillir, ne s'attacher a luy: ce qui fut cause que tant le Roy, que son peuple delaisserent & misrent en nonchallance l'vsage & exercice des armes. Chacune des villes estoit ceincte & enuirõnée de grandz & larges fossez remplis d'eaue, toutesfois ilz n'auoient point de cheuaulx, car ilz ne craignoiét ame: Telle asseurãce a esté moyen & occasion que le Roy s'est dõné du bon temps, prenant continuellemét ses plaisirs & delices. Il auoit ordinairement a sa court mil gentilzhõmes, sans son train de ses seruiteurs & officiers, qui estoit grand & honorable. Toutesfois il auoit en singuliere recommendation la iustice: il aymoit la paix & tranquilité, & estoit fort misericordieux. Nul n'osoit offenser, & faire tort a son prochain, ou troubler la tranquilité publique, autrement il estoit puny. Brief son royaume estoit en telle franchise & asseurance, que souuentesfois les artisans laissoient de nuict leurs boutiques ouuertes, & neantmoins ne se trouuoit aucun qui osast y entrer. Les estrangers & viateurs passans le pays y pouoient aller & de iour & de nuict en grande seureté,& sans crainte d'homme viuant. Aussi le Roy estoit fort debônaire, & charitable enuers les pauures, & ne delaissoit iamais ceulx qui estoient en vrgente necessité, ou souffreteux & indigens. Oultre par chacun an il retiroit & amassoit grand nombre d'enfans exposez, & qui estoient delaissez & abandónez de leurs meres, lesquelz quelquesfois reuenoient iusques au nombre de vingt mil, qu'il faisoit nourrir & entretenir a ses despens: Car en ce pays les pauures femmes cômunement deiectent & abádonnent leurs enfans,affin qu'ilz soient receuz & nourriz par autres. Toutesfois des enfans que le Roy faisoit ainsi recueillir, il en départoit aux plus riches & plus apparens de son royaume, mesmemét a ceulx qui n'auoient point d'enfans, & leur commandoit les adopter & receuoir pour leurs enfans. Et au regard de ceulx qu'il esleuoit & entretenoit, il les marioit par apres aux filles de mesme condition, & qui semblablement auoient esté des leur enfance abandonnées de leurs parés, & leur bailloit quelque reuenu pour eulx viure & entretenir.

Piété du roy Facfur

Comment Baiam chef de l'armée du grand Cham conquesta la prouince de Mangi.
Chapitre LIIII.

EN l'an de nostre salut mil deux cens soixantehuict, le grand Cham Cublai estant affectióné de ioindre a son empire la prouince de Mági, la conquesta & assubiectit a sa seigneurie en ce

DES INDES ORIENTALES

ste maniere. Il dreſſa vne groſſe armée tát de gés de cheual que de pied, de laq̃lle il feit ſon lieutenát & capitaine vn nómé Baiam Chinſam, (qui ſignifie en leur langue la lumiere de cent yeulx) & l'enuoya auec ceſte armée en la prouince de Mági: en laquelle de premiere arriuée il vint aſsieger la ville de Coniganguy, & feit ſommer les habitans d'icelle de ſe rédre, & preſter fidelité & obeiſſance a l'Empereur Cublay, ce qu'ilz refuſerent faire: au moyen dequoy leur reſpóſe oye, il leua le ſiege, & ſe departit ſans leur faire aucun deſplaiſir ne moleſtatió. Puis en feit autant a l'autre prochaine ville, qui ſemblablement feit pareil refuz. Paſſant oultre feit ſómer les trois, quatre & cinquieſmes villes, qui toutes furent reffuſantes. Mais venát a la ſixieſme il l'aſſaillit de grande furie, & tellement la preſſa, qu'il la print d'aſſault. Ce faict ſe retourna contre les autres villes, leſquelles ſemblablement il print d'aſſault: en ſorte qu'en peu de temps il ſubiuga & print douze villes: car il auoit en ſon armée de fort braues & vaillantz hommes, tous gens d'eſlite, hardiz & bien adextres aux armes. Oultre que le grand Cháluy enuoya recharge d'vne autre armée non moins grande que la premiere. Qui fut cauſe de dóner grád crainte, voire deſeſpoir a ceulx de Mangi, tellement que le cueur leur commença a deffaillir. Ce pendant Baiam s'en alla droictemét camper deuant la ville de Quinſay, qui eſtoit la capitale & metropolitaine de la prouince, & en laquelle eſtoit la court du Roy de Mangi: Lequel cognoiſſant la force & vaillance des

Baiã Chinſan capitaine.

Ruze de guerre.

La ville de Quinſai aſſiegée.

Tartares, & voyant leur grand audace fut merueilleusement estonné: au moyen de quoy se meit sur mer, auec la plus grande cõpaignie qu'il peust assembler, & se retira en certaines Isles imprenables, ayant auec soy enuiron mil nauires, & laissant la garde de la ville de Quinsay en la disposition de la Royne sa femme, cõme si en elle y eust eu grand support & deffense. Toutesfois la Royne prenant courage viril, s'y porta prudentement, ne delaissant riens en arriere de ce qui estoit necessaire pour la tuition & deffense de la ville. Mais quand elle eut entendu que le chef de l'armée des Tartares estoit nommé Baiam Chinsan, (c'est a dire cent yeulx) elle fut grandement effrayée, & perdit toute force & vertu: mesmemẽt qu'elle auoit este aduertie par ses astrologues & magiciens, que la cité de Quinsay ne pouuoit iamais estre prinse, que par vn homme qui eust cẽt yeulx. Ce qu'elle estimoit *Presage aduenu.* estre impossible & contre nature, qu'vn homme eust cent yeulx. Toutesfois oyãt que ce presage quadroit a ce capitaine, elle ne voulut resister aux destinées & fatales dispositions: ains feit appeller le capitaine de l'armée des Tartares: auquel apres auoir parlamenté, elle rendit liberallement & la ville, & tout le royaume. Ce que entendu par les bourgeois & citoiens d'icelle, & autres habitans du royaume, voluntairement presterent le serment de fidelité & obeissance au grãd Cham. hors mis toutesfois vne ville appellée Sianfu, *Sianfu.* laquelle s'oppiniastra, & soustint le siege par trois ans au parauant que de se rendre, comme cy apres sera

X iij

DES INDES ORIENTALES

descript. Quāt a la Royne elle se retira en la court du grand Cham, qui la receut & traicta honorablement. Et au regard du Roy de Mangi son mary, continuant sa demeurance es Isles, il y fina ses iours, & le reste de sa vie.

De la ville de Conigangui. Chap. LV.

La premiere ville qu'on trouue a l'entrée de la prouince de Mangi est appellée Conigangui, qui est bié fameuse, grande & opulente en tous biens, assise sur la riuiere de Caromoram, qui y faict vn beau port, auquel arriuent grāde quantité de nauires. En ceste ville se faict artificiellement si grande quantité de sel, qu'il suffist pour fournir quarante villes, dont le grand Cham retire grand proffit & emolument. Les habitans de la ville, ensemble tous les païsans d'alentour sont idolatres, font brusler les corps des defuncts au lieu de sepulture.

sel artificiel.

Des villes de Panchy & Cain. Chap. LVI.

Vltre Conigangui a vne iournée d'icelle, en tirant vers le vent Siroch est située la ville de Panchy, qui est grāde & fameuse pour les negociations & traffiques de marchandise qui s'y exercent. En icelle se trouue grande quantité de soye, semblablement des viures en gran-

LIVRE SECOND 84

de abondance, ioinct qu'elle est en bonne assiette & sur le grád chemin par lequel passent toutes les finances qui sont apportées de la prouince de Mangi au grád Cham. Aussi le chemin qui est depuis Conigangui iusques a Panchi est entierement paué de belle pierre, & n'y à autre chemin ne endroict par lequel on puisse entrer en la prouince de Mangi que cestuy la. Oultre Panchi a distance d'vne iournée se descouure la ville de Cain, laquelle semblablement est belle & de grand renom: alentour d'icelle y à de belles pescheries, & chasses, tát de bestes rousses que d'oyseaux, mesmement de phaisans, qu'on y trouue en grande quantité.

De la cité de Tingui. Chap. LVII.

DE la tirant oultre, a vne iournée de chemin on paruient en la ville de Tingui, laquelle encores qu'elle ne soit pas grande, toutesfois est bien garnie & abondáte de toutes sortes de viures. En icelle y a assez bon port auquel plusieurs nauires viennent surgir, a cause qu'il n'y a pas grande distance iusques a la pleine mer: & oultre y a plusieurs salines, pres desquelles est située & assise la ville de Tingui. A vne autre iournée de laquelle en tirant vers le Siroch, se presente vne autre belle & plaisante ville, assise en bon pays & doulx territoire. Soubz le gouuernement & iurisdiction de laquelle dependent plusieurs autres villes & iusques au nombre de vingtsept cõme moy Marc Paule puis certainement asseurer, pour en auoir esté gouuerneur l'espace de trois ans par le commandement du grand Cham.

Par quelz moyens la ville de Sianfu fut prinse par les Tartares. Chap. LVIII.

Vr la coste d'Occident se descouure vne prouince appellée Nauiguy, qui est opulente & riche, située en beau paisaige, & en laquelle on faict des riches draps d'or, & de soye: semblablement y croist le bled froment en grande abondance. La ville principale de ceste prouïce est appellée Sianfu, & d'icelle dependent douze autres villes ses subiectes & iusticiables. Ceste ville de Sianfu à esté tenue assiegée par les Tartares l'espace de trois ans pendant le temps qu'ilz subiuguerent & conquirent la prouince de Mangi, sans que toute l'armée, ne les forces des Tartares y peussent riens faire: car elle est de toutes pars enuironnée d'eaue, & de grás lacz, en sorte qu'elle ne peut estre assaillie, & n'y a moyé d'y entrer que par le costé de Septentrion: au moyen dequoy les habitans d'icelle tenoient si peu de compte des Tartares que pendent leur siege ilz faisoient ordinairement sortir & entrer dedans le port plusieurs nauires chargées de viures & munitions sans empeschemét ne resistence aucune: ce qui faschoit & contristoit grandement le grand Cham dont il ne pouuoit venir a chef de son de son entreprinse. En ce temps mon pere, mon oncle & moy estions a la court & suitte de l'Empereur, auquel remonstrasmes, que s'il luy plaisoit nous entendre & acquiescer a ce que luy coseillerions faire, que luy baillerions des moyés par lesquelz en brief la ville pourroit estre prinse & reduicte en son obeissance. Assauoir de certains engins artificielz, dont au pays ilz n'auoient encores eu l'vsage, ce que voluntiers il accorda. Au moyen dequoy nous fismes dresser par aucuns charpentiers Chrestiens qu'auions en nostre compaignie, trois instrumentz & engins pour iecter pierres de telle grandeur, que chacun engin chassoit vne pierre de trois cens liures pesant. Ces engins furent incōtinent chargez en deux nauires, & enuoyez au camp. Et apres les auoir dressez contre la ville de Sianfu, on commēça a charger & iecter de gros moilons & quartiers de pierre dedans la ville, dōt la premiere tumba sur vne maison, de telle violence & impetuosité, qu'elle fouldroya & abbatit la plus grand part d'icelle. Ce que voyás les Tartares, mesmes ceulx qui asiegeoient la ville, furent merueilleusement estonnez & esbahys. Et au regard de ceulx qui estoiét dedans la ville plus grandement effraiez de ces nouueaux assaultz, & congnoissans en quel danger & extremité ilz estoiét reduictz par leurs ennemys, en sorte que mesmes dedans leurs maisons ilz n'estoient en seureté, pour obuier que la ville par le moyen de la violence de telles pierres fust demolie & ruynée, & les habitans affolez, demanderent a parlamenter & se

Engins pour iecter grosses pierres.

Y

DES INDES ORIENTALES

rendre a la subiection & obeissance du grand Cham: a quoy ilz furent receuz.

De la ville de Singui, & du fleuue de Quiam, sur lequel elle est assise. Chap. LIX.

DE la ville de Sianfu a distáce de cinq grandes lieuës, on paruiēt en la ville de Singui, en laquelle (cōbien qu'elle ne soit de grande estendue) arriuent neantmoins grande quātité de nauires chargez de marchādises: car elle est située sur le riuage d'vne grosse riuiere appellée Quiam, qui veritablement est l'vne des plus grosses riuieres qui soit en tout le monde, & ne pēse qu'elle ayt sa pareille, car en quelquesendroictz elle à plus de trois grādz lieuës de largeur, en autres peu moins, & le plus communement deux lieuës. Son cours s'estend en lōgueur le chemin de cent iournées. En icelle font voile infiniz nauires, tellemēt qu'on iugeroit estre impossible en pouuoir encor autant trouuer en tout le mōde. Brief ceste ville est fort renommée pour les grandes traffiques, foires & negociations qui s'y exercent, a cause de la grande quantité de marchandise qu'on y apporte par le moyen de ceste grosse riuiere. Oultre y a plusieurs autres villes assises sur les riuages de ce fleuue, & iusques au nombre de deux cens: car il passe & faict son cours par les limites & destroictz de seize prouīces, la moindre desquelles faict

Quiam, riuiere fort grande.

voguer sur iceluy le nombre de cinq mil nauires. Or les plus grandes naufz du pays ne contiennent qu'vn estage, & n'ont qu'vn mast pour soustenir & estendre la voile. Ilz n'vsent point de cordes de chanure, sinõ pour le mast & la voile, mais ilz s'aydent de certains pilorches ou cordes faictes de grandz rouseaux, dont quelquesfois ilz se seruẽt a tirer le lõg du fleuue leurs nauires, & les font en telle maniere: Ilz fendent & diuisent en pieces ces grandz rouseaux, dont les aucuns ont sept ou huict toyses de longueur, les boutz desquelz ilz lient les vns aux autres, & les retortẽt en telle façon, qu'ilz en font de grandes & longues cordes, & iusques a la longueur de cent cinquante toises, lesquelles sont plus fortes, que celles de chanure.

Cordes de rouseaux.

De la ville de Caigui. Chap. LX.

A ville de Caigui est petite, assise sur le bord de ce gros fleuue de Quiã, vers la coste du vent de Syroch, au territoire de laquelle croist si grãde quantité de bled & de riz, que de la on le trãsporte iusques a la court du grand Cham. Aussi qu'au chemin qui trauerse d'vn lieu en autre y à plusieurs grandz lacz & fleuues, lesquelz estoient si proches & a peu de distance les vns des autres, que facilemẽt le grãd Cham les à faict ioindre & assembler en vn, en sorte qu'ilz sont a present capables pour porter & donner passaige aux nauires,

DES INDES ORIENTALES

pour cōmodement aller & venir aux prouisions: combien qu'en aucuns endroictz (pource qu'on n'a encores entierement retranché les terres moytoiennes) on soit contrainct descharger les nauires, & faire charger & porter par terre les bledz a vn autre lac, ou lon trouue d'autres nauires prestz pour les receuoir & transporter oultre. Pres la ville de Caigui y à vne isle au mylieu du fleuue, dedans laquelle est erigé vn grand monastere remply de moynes qui seruent aux idoles, lequel est le chef & superieur de tous les autres monasteres du pays dediez au seruice des idoles.

Cōuent de moynes idolatres.

De la ville de Cingianfu. Chap. LXI.

Cingianfu est vne ville située en la prouince de Mangi, en laquelle on faict plusieurs beaux ouurages d'or & de soye. En icelle y à quelques eglises de Chrestiens Nestorians, lesquelles ont esté edifiées & basties par Marsarus Nestorian, au temps qu'il estoit gouuerneur de ceste ville soubz le grand Cham, asçauoir en l'an de nostre salut mil deux cens quatre vingtz & huict.

De la ville de Cingingui, & de l'occision des citoyens d'icelle. Chap. LXII.

Sortant de la ville de Cingianfu apres auoir cheminé par trois iournées on paruient en la ville de Cingingui, cōbien que par les chemins se trouuent plusieurs petites villes & bourgades es

Cingingui.

quelles s'exercent plusieurs traffiques de marchandise & de beaux ouurages ingenieux. Or la ville de Cingingui est grande & opulēte, tāt en richesses que toutes sortes de viures. Quand Baiam chef de l'armée des Tartares estoit a la poursuite & conqueste de la prouince de Mangi, il enuoya quelques bandes de Chrestiens qu'on appelle Alains, pour assieger ceste ville de Cingingui, lesquelz apres l'auoir sommée de se rēdre la presserent & assaillirent si viuement que les citoyens d'icelle furent contrainctz de se rendre librement. Eulx donques entrez dedans la ville ne blecerent & ne firent oultrage ne desplaisir a aucun des habitans, au moyen de ce q̄ de leur bon vouloir & sans contraincte, ilz s'estoient renduz a l'obeissance du grand Cham. Toutesfois ayans trouué dedans la ville de fort bon & excellent vin, & en grande quantité, ilz en beurent si largemēt qu'ilz en furēt tous enyurez: au moyen dequoy la nuict ensuyuāt pressez & chargez de sommeil ne tindrent compte d'asseoir ne faire aucun guet. Ce q̄ voyans les citoyēs de la ville qui au parauāt les auoiēt receuz pacifiquement, prenans occasion d'executer leur mauuais vouloir, se ruerent sur eulx ainsi endormiz, & les tuerēt tous, sans qu'aucun d'eulx se peust sauuer ne euader. Toutesfois Baiam depuis aduerty de ceste insolēce & infidelité enuoya vne autre grosse armée contre les habitans de Cingingui, qui en peu de tēps l'emporterent d'assault, & prindrent telle vengeance de leur trahison & infidelité, qu'ilz les mirent tous a mort sans aucun excepter.

Histoire.

Trahyson des citoyēs

Y iij

DES INDES ORIENTALES
De la cité de Singui.
Chap. LXIII.

Singui est vne fort belle cité grande & bien fameuse, qui cōtient de tour enuiron vingt lieues. En icelle y à grande multitude d'habitans, cōme aussi toute la prouince de Mangi est fort bien peuplée de gens, lesquelz toutesfois ne sont belliqueux, ains sont presque tous marchādz & artisans: Aussi y à plusieurs medecins & philosophes. En ceste cité de Singui y à enuiron six mille pontz de pierre, dont les arches sont si haultes que les grandz nauires peuuent aisement passer par dessoubz sans abbaisser ou courber le mast. Es montaignes qui sont alentour de la cité croist grande quantité de rheubarbe & de gingembre. Ceste cité à soubz sa iurisdiction seize au tres belles villes subiectes & resortissantes, esquelles on exerce plusieurs trafiques de marchandises: aussi y à grand nombre d'artisans qui y font d'excellēs ouurages. Les citoyens de Singui sont communemēt accoustrez de vestemés de soye & taffetas, car on y faict grande quantité de draps de soye. Or ce mot de Singui est autant a dire en leur langue comme la cité de la terre: comme aussi ilz ont vne autre ville appellée Quinsai, c'est adire cité du ciel, pour autant que ces deux villes sont les plus nobles & plus excellentes de tout le pays d'Orient.

Six mille pontz de pierre.

Singui cité de la terre.

Quinsai.

De la cité de Quinsai. Chap. LXIIII.

A Distance de cinq iournées de Singui est située vne autre belle ville & de grand renom appellée Quinsai, qui signifie en leur langue cité du ciel, laquelle est si grãde & spacieuse qu'a mon iugement elle n'a sa pareille en grãdeur en tout le monde: ce q̃ moy Marc Paule puis asseurer pour y auoir esté, & diligemment recherché toutes les choses memorables d'icelle, mesmemét les coustumes & meurs des habitans, & tout ce que i'en ay peu veoir & congnoistre briefuement & fidelemét ie le declaireray. La ville de Quinsai contient de tour & circuit enuiron trétequatre lieues: en icelle y à douze mille põtz de pierre si hault voultez & esleuez que les grandz nauires auec le mast dressé & voiles tédues y peuuent facilement passer. Or l'asiette de la ville est en lieu marescageux, comme peult estre la ville de Venise: au moyen dequoy sans les pontz dessusdictz on ne pourroit aller d'vne rue en autre. En icelle y à infiniz artisans & marchandz, tellemét que ce seroit chose incroyable si i'en voulois asigner le nombre certain. Les maistres ouuriers ne trauaillent point a la besongne, mais ont des seruiteurs a ce destinez & ordonnez. Les citoyens viuent en grandz delices & voluptez, mesmement les femmes: au moyen dequoy elles y sont plus belles & braues qu'en nul autre pays. Sur la coste de Midy au dedãs les clostures de la ville y à

Quinsai cité du ciel.

Douze mil pontz de pierre.

DES INDES ORIENTALES

vn grád lac qui à de circuit enuiron dix lieues: sur les riuages duquel sont basties plusieurs maisons excellétes des nobles du pays, lesquelles sont par dedans & dehors fort magnifiques & suptueuses: aussi y à quelques temples consacrez aux idoles. Et au mylieu de ce grand lac y à deux petites isles, en chacune desquelles y à vn beau grád palays ou chasteau, esquelz sont gardez & soigneusement conseruez tous les parementz, vaisselle & appareilz necessaires pour la celebration des nopces & autres festins & banquetz solennelz. Et si quelqu'vn des citoyens de la ville veult faire quelque festin magnifique, il mene les inuitez en l'vn de ces palays, ou ilz sont traictez & receuz honorablement. En ceste ville de Quinsai y à de fort belles & sumptueuses maisons: oultre par les rues y à certaines tournelles publiques, esquelles en téps de feu les voysins transportent leurs biens pour les sauuer de la violence du feu: car il y à grande quantité de maisons en la ville qui ne sont faictes que de bois: au moyen de quoy aduient bien souuét que le feu s'y prend, & sont bruslées & consommées. Les habitans de la ville adorent les idoles, & mangent indifferemmét la chair des cheuaulx, chiens, & autres bestes ordes & immundes. Ilz vsent de la mónoye du grand Cham: lequel pour obuier aux rebellions y à tousiours grosse garnison, mesmemét pour empescher & reprimer les meurdres & larrecins: en sorte que tant de iour que de nuict y à sur chacun pont dix hommes establiz pour la garde d'iceluy. Au dedans les murailles de la ville y à vne montaigne

Palays publicz pour faire festes.

Vsaige de viádes immundes.

montaigne sur laquelle est bastie & erigée vne haulte tour, au plus hault de laquelle sont dressez certains aiz de bois en telle sorte, que les touchans d'vn marteau ilz rendét vn grád bruit, ce qu'ilz reseruent pour tel vsage, que si le feu se prend en quelques endroitz de la ville incontinent que les guettes qui sont establiz en ceste tour l'apperçoiuent font à coups de marteaux resonner ces aiz, le bruit desquelz est facilemét entendu par les habitans, qui alors courent la part ou est le feu pour l'esteindre. On faict aussi resonner ces aiz quand il aduient quelque sedition, tumulte ou esmotion populaire en la ville. Toutes les rues & places de la ville sont entierement pauées de pierre, qui est cause qu'elle est en tout temps nette. On trouue dedás la ville enuiron trois mille maisons publiques destinées pour les baings & estuues esquelz les habitans se vont publiquement baigner, & nettoyer le corps, chose qu'ilz ont en singuliere recommandation, de se tenir nettement de leur corps. Ceste ville n'est a distance de la grand mer Occeane que d'enuiron huict ou dix lieues, mesmes iusques alendroict ou est située la ville de Canfu, qui est sur le riuaige de la mer, ayát vn haure fort commode, auquel viennent surgir infiniz nauires, tant des Indes qu'autres regions. Oultre que la riuiere qui passe par Quinsai descend & se viét desgorger en la mer alendroit de ce port de Canfu, au moyen dequoy infinies marchandises y sont trásportées. La prouince de Mangi a cause qu'elle est de grande estendue à esté diuisée par le grand Cham en neuf

Aiz de bois au lieu de tocsains.

Baings publics.

Z

DES INDES ORIENTALES

La prouince de Mangi diuisee en ix. royaumes.

Royaumes, & a chacun d'iceulx commis & eſtably vn Roy: leſquelz Roys ſont tous riches & puiſſantz, toutesfois ſubiectz au grand Cham, auquel par chacun an ilz payent certain droict & tribut du reuenu de leurs Royaumes, & dont ilz rendent compte. L'vn d'iceulx faict ſa demeure en la ville de Quinſay, lequel à ſoubz ſa iuriſdiction & gouuernement cent quarante villes qui dependent de ſon Royaume. Or toute la prouince de Mangi contient enuiron douze cens villes & citez: en chaſcune deſquelles le grand Cham à eſtably & aſsigné garniſons pour obuier aux reuoltes & rebellions qui pourroiēt ſuruenir: leſquelles garniſons ſont dreſſées de pluſieurs ſortes de gens ramaſſez & de diuerſes nations, meſmement de ſoldatz & ſtipendiaires tirez de pluſieurs bandes de l'armée du grand Cham. Ilz ont en ce pays, ſignamment en la prouince de Mangi vne curieuſe & diligēte obſeruation des mouuemēs celeſtes, iuſques a obſeruer ſoigneuſemēt l'horoſcope & aſcēdent de la naiſſance de chacun enfant, & le iour & l'heure de ſa natiuité, & quelle planette eſtoit lors dominant. Ainſi ſe gouuernēt en toutes les œuures, voyages & entrepriſes par le conſeil & iugement de leurs aſtrologues. Encores y à vne couſtume au pays q̄ quand quelqu'vn meurt

Forme eſtrāge de faire obſeques.

ſes parentz couuertz de grandz ſacz de toille de chanure enleuent & portent en ſepulture le corps mort, chantans & crians a haulte voix: & depaignent en des tablettes les pourtraictz & figures de leurs ſeruiteurs & chambrieres, cheuaulx & richeſſes, & le tout ſont bruſler auec le corps mort: ſe perſuadans que le deſunct en l'autre mõde ſera iouiſſant de toutes ces choſes,& aura autãt de ſeruiteurs en ſon ſeruice.En apres ilz font reſonner certains inſtrumentz muſiquaulx, eſtimãtz que leurs dieux reçoyuẽt le defunct en telle & ſemblable pompe & honneur,comme ſes parentz, en faiſant ſes obſeques & funerailles,en font. En ceſte ville de Quinſai y à vn braue & magnifique palays, auquel Facfur(parauant Roy de la prouince de Mangi)tenoit ordinairemẽt ſa court. La derniere muraille qui cloſt & enuironne en quarré le chaſteau, contient de tour plus de trois lieues,eſtant eſleuée a iuſte haulteur à l'equipolent. Au dedans l'enclos de ceſte muraille y à des iardins excellens auec toutes ſortes d'arbres & fruictz ſinguliers. Oultre y à de belles fontaines & viuiers biẽ peuplez de poiſſon: & au mylieu eſt aſsis le palays Royal fort ample & ſpacieux: le pareil duquel,ſoit en ſumptuoſité ou magnificéce,a peine ſe trouueroit en tout le mõde. En iceluy y à vingt ſalles de ſemblable grandeur: en chacune deſquelles on peut faire aſsiette & cõmodement traicter dix mil hommes enſemblement:oultre que toutes ces ſalles ſont painctes & tendues de tapiſſeries a la mode Royalle. Au reſte on eſtime que dedans la ville de Quinſay y à ſix cens mil feuz ou familles, telles que peut conſtituer vn homme auec ſa femme enfans & ſeruiteurs.En icelle y à ſeulement vne egliſe de Chreſtiens,encores Neſtorians. Oultre y à vne couſtume en la ville,& meſmes en toute la prouince de Mangi

Palays de Quinſai.

Z ii

DES INDES ORIENTALES

Coustume d'inscrire aux portes les noms du maistre & de sa famille.

que chacun chef de maison faict inscrire sur l'entreé & huisseries de sa maison son nom, & celuy de sa femme, ensemble de toute sa famille, & iusques au nombre de ses cheuaux. Et quand aucun de sa famille decede ou qu'il change de logis, on efface son nom, & au lieu d'iceluy on met le nom de l'enfant nouuellement né, ou d'vn autre seruiteur nouuellement receu en seruice: & par tel moyen sans grande difficulté on peut sçauoir le nombre de tous les habitans de la ville. Semblablement les hostelliers & tauerniers escriuent en des tableaux affichez contre leurs portes les noms de leurs hostes & passans estrangers qui se sont retirez pour loger en leurs maisons, & le iour & le mois qu'ilz y son entrez.

Du grand tribut & reuenu que le grand Cham retire chacun an de la ville de Quinsay, & prouince de Mangi. Chap. LXV.

LE grand Cham exige par chacun an sur le sel qui se faict en la ville de Quinsay, & es enuirõs, le nombre de huict cens mil escuz. Des autres choses, mesmement des marchãdises, en retire si grandz deniers, qu'à peine on les pourroit nombrer. En ceste prouince se trouue grande quantité de sucres, & plusieurs autres espiceries aromatiques: desquelles le grand Cham prend trois & demy pour cent, & autant en faict de tous les

LIVRE SECOND.   91

autres biens & facultez des marchans. Semblablemét du vin qui se faict artificiellement auec du riz, & autres espiceries, il en retire grád reuenu. Oultre des artisans, mesmement des douze mestiers, en retire grand proffit. Quant aux soyes (dont en la prouince de Mági y a grand quantité & abódance) de cent aulnes en préd dix pour son droict. Et moy Marc Paule i'ay oy quelquesfois faire supputatió de tous & chacús les reuenuz & subsides, qui par chacun an estoiét tirez par le grád Cham du royaume de Quinsay, (qui ne faict que la neufiesme partie de la prouince de Mangi) & fut trouué en somme (sans y compter le sel) qu'ilz excedoient le nóbre de quinze milións sixcens mil escuz.

Reuenu de Quinsay 1560000 d'escuz.

De la ville de Tampingui.   Chap. LXVI.

EN passant oultre la ville de Quinsay, tirant vers le Siroch, on trouue continuellement de beaux vergers & iardins bien cultiuez: & iusques a vne iournée d'icelle on paruient a la ville de Tampingui, qui est fort belle & bié fameuse. Oultre laquelle par trois iournées tenant le mesme chemin on trouue plusieurs villes & chasteaux en si grád nombre, que les voyás de loing, on iugeroit que c'est vne ville composée de ces chasteaux, tant ilz sont bastiz les vns pres des autres. On y trouue aussi grande abondance de viures. Les cannes & rouseaux y croissent si grandz, que les aucuns ont sept & huict toyses.

Z iij

DES INDES ORIENTALES

de longueur, & en leur grosseur & circoference quatre empás. Allant plus oultre le chemin de trois iournées, se presente la ville de Gengui, qui est grande & belle: oultre laquelle tenant tousiours le chemin vers le vent Syroch, se descouurent par pays plusieurs villes & chasteaux. En ceste côtrée y a grand nombre de lyons qui sont grandz & cruelz. On n'y trouue point de moutons, non plus qu'en toute la prouince de Mangi: mais des beufz, cheures, boucz & porcz y en a grande quantité. Tirant encores oultre par quatre iournées, on vient en vne autre belle ville, appellée Ciangian, qui est située sur la crouppe d'vne montaigne qui diuise & separe vne grosse riuiere en deux, & de la en auát s'estend en deux diuerses côtrées. Encores plus oultre a trois iournées on trouue la ville de Cugui, qui est la derniere & limitrophe du royaume de Quinsai.

Gengui.

Ciangian.

Cugui.

Du royaume de Concha.   Chap. LXVII.

Laissant derriere la ville de Cugui, & passant oultre, on entre au royaume de Concha, duquel la ville capitale est appellée Fuguy: auquel cheminant par six iournées, on trouue le pays fort bossu, se côtinuant en coustaux & vallées, ou toutesfois lon trouue plusieurs villes & chasteaux. Le pays est abondant en victuailles: mesmemét y a plusieurs belles chasses & volleries aux bestes & oyseaux. Oultre y a grand' quantité de lyós:

LIVRE SECOND. 92

le gingembre y croiſt en grande abondance: ſemblablement y croiſt vne certaine fleur, qui reſſemble au ſaffran, & toutesfois eſt d'autre eſpece, encores qu'elle ſoit miſe en vſaige pour ſaffran. Les habitans du pays mangent de gráde affection la chair humaine, pourueu que ce ne ſoit d'vn hôme mort par quelque maladie. Quand ilz vont a la guerre chacun imprime en ſon front auec vn fer chault certaine merque: & n'y à aucū d'entre eulx qui oſaſt mener vn cheual a la guerre, ſinon le chef & capitaine de l'armée. Ilz vſent pour armes d'eſpées & láces ou iauelotz: & de ceulx qu'ilz tuent en guerre, ilz boiuent le ſang, & en mangent la chair: auſsi ce ſont gens treſcruelz & inhumains.

Gens antropophages.

Des villes de Quelinfu & Vnquen.
Chapitre LXVIII.

APres auoir cheminé dedás le royaume de Concha par les ſix iournées dont deſſus auôs parlé, on paruient a la ville de Quelinfu, qui eſt grande & bien renommée, aſsiſe ſur vne belle riuiere qui l'enuironne & circuyt tout a l'entour, auec trois grandz pontz de pierre de taille, dont le parement de deſſus eſt aorné de belles colomnes de marbre. Chaſcun pont côtient de largeur quatre toyſes, & de longueur cinq cens. En ceſte ville y a grande abondance de ſoyes, enſemble de gingembre & galange. Les habitans d'icelle hômes

Excellētz pontz de pierre.

DES INDES ORIENTALES

& femmes sont fort beaux personnages. On y trouue des poulles lesquelles au lieu de plumage ont du poil comme les chatz, & sont communement noires, toutesfois elles pōnent de tresbōs œufz. Et pource qu'en ceste contrée y a grāde multitude de lyons, il faict dāgereux & perilleux y passer. A cinq lieuës de ceste ville est située vne autre ville, appellée Vnquen, en laquelle se faict grāde quantité de sucre, qu'on tire des cannes qui croissent a l'entour d'icelle & de la est transporté iusques a la court du grand Cham, qui est ordinairement en la ville de Cambalu.

Poulles ayans poil au lieu de plumes.

Vnquen.

Sucres.

De la ville de Fugui. Chap. LXX.

Oursuyuant oultre par cinq autres lieues, se presente la ville de Fugui, qui est capitale & metropolitaine du royaume de Concha, lequel est l'vn des neuf royaumes, esquelz la prouince de Mangy fut diuisée. En ceste ville y a grosses garnisons, & grande cōpagnie de gens de guerre pour le grand Cham, afin de tenir la prouince en seureté, & la defendre de toutes incursions d'ennemis, & oultre, pour reprimer les seditions & tumultes qui se pourroiēt esmouuoir, & causer rebellion cōtre l'Empereur. Au trauers de ceste ville passe vne grosse riuiere, le cours de laquelle s'estend en largeur presque demie lieue. Et d'autant que ceste ville est assez prochaine de la pleine mer, en laquelle ceste riuiere se desgorge,&

LIVRE SECOND.

ge, & par la bouche d'icelle y sont amenées des Indes plusieurs marchandises, mesmement des perles & autres pierres precieuses. La ville est fort marchande, & s'y fait de grandes trafiques: oultre qu'en icelle y a grande quantité de sucres, & des viures à suffisance.

Des villes de Zartem & Figui. Chap. LXV.

Vltre ceste riuiere on chemine par cinq iournées iusques à la ville de Zartem, & ce pendant par pays on rencontre plusieurs villes & chasteaux, & grande abondance de viures: ensemble y a plusieurs montagnes & forests, des arbres desquelles on tire grande quantité de poix. La ville de Zartem est fort grande, asise sur vn port de mer bien commode, & auquel arriuent infinis nauires des Indes, chargées de marchandises. Aussi ceste ville est autant marchande que ville qui soit au monde: par le poiure & autres espiceries aromatiques que les marchands occidentaux tirent de la ville d'Alexandrie, y sont premierement apportées des marchez & foires de Zartem. De ceste ville le grand Cham retire vn tribut infiny: car aucun nauire n'entre au port d'icelle qui ne luy paye grosse somme, ou qu'il n'en retire gros proffit pour ses droictz, & peu s'en fault que de chascune sorte d'espicerie il n'en exige la moitié. En ceste region y a vne autre ville, appellée Figui, qui est de grand renom au pays, à

Port de Zartem.

Figui.

AA

DES INDES ORIENTALES

caufe des belles efcuelles & vaiffelles qu'on y fait. Les habitans d'icelle ont langage particulier. Ce que deffus eft dit de la prouince de Mangi fuffira quāt a prefent. Et cōbien que des royaumes d'icelle n'en ayons defcript que deux, toutefois de propos deliberé auōs obmis les autres, pour tendre à la defcription de l'Inde, en laquelle auons feiourné quelque temps, & en icelle veu oculairement beaucoup de chofes memorables qu'on y trouue, dignes de grande admiration, que (par maniere de dire) nous auons maniées & de noz mains touchées.

Excufe de l'autheur.

FIN DV SECOND LIVRE.

TROISIESME LIVRE
DE MARC PAVLE VENETIEN,
DES REGIONS DE L'INDE
ORIENTALE.

Quelles Nauires sont es Indes.
Chapitre premier.

EN ce troisiesme liure de nostre description des Indes, nous commencerons à parler de la forme de leurs nauires. Les plus grandes naufz dōt vsent les Indois sur mer, sont communemēt faictes de bois de Sapin, & n'ont qu'vn seul plācher, que noz Pilotes appellēt tillac, dessus lequel sont dressées enuiron quarante petites loges pour retirer les marchans. Chacun nauire à son gouuernail, quatre mastz & autāt de voiles. Les aiz du nauire sont ioinctz & lassez auec gros cloux de fer, & les ioinctures réplies & calfeutrées d'estoupes. Et pour autant qu'ilz n'ont la commodité de la poix au lieu d'icelle ilz enduisent leurs nauires d'vne huile extraicte de certain arbre, entremeslée & composée auec de la chaulx. En chacun grand nauire sont destinez enuiron deux cens forsatz pour le conduire en pleine mer a force de rames & auirōs. Aussi en chacū d'iceulx peut cōtenir six mille hottées de poyure. Il y à plusieurs autres petitz vaisseaux qui suyuēt & sōt attachez a ces grādz nauires pour les soulager, cōduire les ancres, & seruir a la pescherie quād besoing en est.

AA ii

DES INDES ORIENTALES
De l'isle de Zipangri.　　　Chap. II.

'Isle de Zipangri est fort spacieuse,& de grande estédue, situéc en la haulte mer, a distance des haures de la prouince de Mangi de cinq cens lieues ou enuiron. Les habitás d'icelle sont blancz & d'assez belle stature, adonnez au seruice des idoles: ilz recongnoissent vn Roy seul & particulier en leur pays,& ne sont a aucun autre tributaires. En ceste isle y à de l'or en grand abondance, toutesfois le Roy ne le permet facilemét transporter hors du pays: ce qui est cause que bien peu de marchandz frequentent & traffiquent en ceste prouince. Le Roy à vn palays sumptueux & magnifique duquel la couuerture est entierement de lames d'or, tout ainsi que pardeça les grandes maisons seigneurialles sont couuertes de plomb ou de cuyure. Semblablement les planchers des salles & chambres de ce palays sont lambrissez & couuertz de lames d'or (cóme lon dict.) On trouue en ceste isle grande quantité de perles fort excellentes & singulieres, tant en grosseur que rotondité,& sont de couleur rouge, qui sont en plus grád pris, estime & valeur sans comparaison, que ne sont les blanches. Et oultre y à plusieurs pierres precieuses, lesquelles auec l'abondance de l'or rendent l'isle sur tout riche & opulente.

Palays couuert d'or.

Perles rouges.

De l'effort & entreprinse que feit le grand Cham pour conquester l'isle de Zypangri. Chap. III.

LE grand Cham Cublai estant aduerty de l'opulence & grandes richesses qui estoient en l'isle de Zipangri, meist en deliberatiõ de la subiuguer & reduire a sa puissance: & a ceste fin expedia deux de ses capitaines de guerre, l'vn nommé Abatá, & l'autre Nonsachun, & deux armées biẽ accoustrées & fournies de toutes choses necessaires pour subiuguer l'isle de Zipangri. Lesquelz desbarquans des portz de Zarten & Quinsay, auec grand nõbre de nauires bien equippées de gens, tant de pied que de cheual, feirent voille vers l'isle de Zipangri: en laquelle prenás terre a l'improuiste, feirent plusieurs rauages, degastz, & depopulations es villages & chasteaux du plat pays. Mais auant que d'entrer plus oultre, & gaigner l'isle, s'esmeut vne querelle & discord entre les deux capitaines, qui fut de grand poix & consequence: Car ilz ne vouloient obeyr ne s'accommoder aux desseinctz & entreprinses l'vn de l'autre: qui fut cause que rien ne leur pouuoit heureusement succeder: tellement qu'ilz ne peurent prendre & auoir victoire d'aucune ville ou chasteau, fors d'vn seul chasteau seulement. Apres la prinse duquel tous ceulx qui furent trouuez dedans y auoir esté commis par le Roy pour la garde d'iceluy furent saccagez & mis au fil de l'espée par le commandement du capitaine. Entre les-

Seditiõ entre deux capitaines

AA iij

quelz toutesfois furent trouuez huict personnes de la garnison de ce chasteau, lesquelz portoient en leurs braceletz certaines pierres precieuses enchassées, qui estoient de telle efficace & vertu (par incátations diaboliques) qu'ilz ne pouuoient aucunement estre blecez ou naurez par ferrement quelcóque tandis qu'ilz portoient sur eulx les pierres susdictes: au moyen de quoy fut aduisé de les assommer a coups de bastons, ce qui fut faict.

Chose admirable de braceletz.

De l'infortune des nauires des Tartares qui furent enfondrez & rompuz, & plusieurs submergez. Chapitre IIII.

R il aduint certain iour qu'vne grande tempeste s'esleua sur mer de telle impetuosité, que les nauires des Tartares par la force des větz & orages se heurterent si rudement les vns contre les autres, qu'ilz furent iectez contre les haures a demy cassez & rompuz. Lors fut aduisé entre les Pilottes & nautonniers d'esloigner le plus qu'on pourroit de terre les nauires, esquelz estoient les gens de guerre des deux armées. Ce qui fut faict: mais s'augmentant de plus en plus la furie de la tempeste, plusieurs nauires commécerent a s'entrouurir & enfondrer, dőt plusieurs furent noyez & submergez, les autres auec l'ayde de certaines tables & planches de boys que selon la fortune ilz rencontre-

Naufrage des Tartares.

LIVRE SECOND. 96

rent en nageant, se sauluerent en vne petite isle qui est proche & contigue de Zipangry. Et quant aux autres dont la nauires estoient encores entieres, ilz se retirerent en leur pays. Or de ceulx qui apres leurs nauires brisées & rompues s'estoient peu sauluer en ceste petite isle, se trouuerent en nombre enuiron trente mil hommes, lesquelz toutesfois estoient en desespoir de leurs vies, & n'attédoient autre chose que la mort, par ce qu'ilz n'auoient aucuns nauires pour se retirer & mettre hors de l'isle, & qu'ilz n'y trouuoient aucuns viures, d'autant qu'elle estoit inhabitée & deserte.

Comme les Tartares eschapperent le peril de la mort, & retournerent en l'isle de Zipangri. Chap. V.

Este fureur & tépeste de la mer rappaisée, les Zipangrois aduertiz q̃ les Tartares en grád nombre s'estoient sauuez, en nageát en ceste petite isle, vindrét en armes auec grande quantité de nauires & gés de guerre assaillir ses pauures gens desarmez & presque au desespoir en ceste isle, afin de les saccager & du tout exterminer, sachás qu'ilz estoiét abádónez & destituez de tout secours. Eux arriuez au port, prénét terre & entrét asseuremét en pays pour chercher les Tartares qu'ilz estimoient vaguer dedans l'isle cófusément & cóme gens desesperez. Lesquelz toutesfois ayás aperceu leur ve-

DES INDES ORIENTALES

nue & se destournans sagement de leur veuë (craignans qu'ilz fussent recongneuz & descouuerts) se cacherent & latiterent le long des riuages de la mer, assez pres du lieu ou les Zipangrois auoient prins port & laissé leurs nauires, se tenans coyement en leur embusche, iusques a ce qu'ilz apperceurent les Zipangrois espartz par toute l'isle pour leur recherche, & fort eslognez de leurs nauires. Alors les Tartares s'emparent subitement des nauires, entrent dedans, & font voile vers l'isle de Zipangri, ioyeux de leur deliurance, delaissez les Zipangriens en leur lieu dedans l'isle. Eulx entrez en l'isle de Zipangri, prennét les enseignes & guidons des Zipangriens qu'ilz trouuerent es nauires, & prennent leur chemin vers la principale ville de toute l'isle: les habitás de laquelle voyans les enseignes de leurs gens, estimans qu'ilz retournoient victorieux, sortirent au deuant d'eulx & reçoyuét imprudemment leur ennemy, & l'introduysent dedans la ville: de laquelle se voyans les Tartares superieurs, dechasserent tous les habitans fors quelques femmes qu'ilz retindrent.

Bonne ruse des Tartares.

Les Tartares sont depuis dechassez de la ville par eulx gaignée. Chap. VI.

EStant le Roy de Zipangri aduerty de ce discours, & de la ruse dont auoient vsé les Tartares, equippe & met sus d'autres nauires pour retirer ses gens qui estoiét demourez en l'isle, puis vient assieger la ville que les Tartares les Tartares auoient prinſe & occupée,& de telle diligéce faict obſeruer les paſſages,deſtroictz & entrées de la ville qu'aucun n'en pouuoit ſortir ou entrer. Car il aduiſa que ſur tout il conuenoit donner ordre & prendre ſongneuſemét garde que les Tartares aſsiegez ne peuſſent aduertir & certiorer le grád Chá leur ſeigneur de ce qui eſtoit aduenu,autrement que ceſtoit faict q̃ de luy & de ſon royaume. A ceſte cauſe les Tartares demeurét encloz, aſsiegez & éfermez par ſept mois entiers: apres leſquelz ſe voyans eſtre deſtituez & ſans eſperance d'aucun ſecours,rendent laville au Roy de Zipangri, a telle condition qu'ilz ſ'en retourneroiét en leur pays leurs vies, & bagues ſauues. Ce qui fut faict en l'an de noſtre ſalut mil deux cens quatre vingtz & neuf.

De l'idolatrie & cruaulté des habitans de Zi-
pangri.   Chap. VII.

LEs Zipangrois adorent diuerſes formes d'idoles: les vns ont teſte de *Idoles des* beuf:autres de porc,aucũs de chien, *zipãgrois* & de diuerſes autres beſtes:aucuns y à qui ont quatre viſaiges en vne meſ me teſte:autres trois teſtes,l'vne eſleuée ſur le col,& les deux autres ſur les eſpaules. Oultre y en à qui ont quatre mains, autres vígt,autres cét: & d'autát qu'ilz ont plus de mains ſont reputez auoir plus de puiſſance & vertu.Et quand on ſ'enquiert des

DES INDES ORIENTALES

habitans de qui ilz retiennent telles ceremonies & traditions, respondent communement qu'ilz ensuyuent en cela leurs peres: & qu'ilz ne doibuent croire ne auoir foy sinon a ce qu'ilz ont receu & aprins d'eulx. Semblablement y à vne coustume detestable en Zipangri, que quand ilz prennent vn homme estráger, s'il peut payer rançon & se rachepter par argent, ilz le laissent aller: sinon & qu'il n'ait le moyen de se rachepter ilz le tuent, le font cuire & le mangent en vn banquet qu'ilz font pour ceste cause, auquel ilz inuitent tous leurs parens & amys.

Coustume cruelle & ihumaine

De diuerses Isles de ceste contrée, & des fruictz qui y prouiennent. Chap. VIII.

ES riuages de la grand mer occeane sur la coste ou se termine vers Orient la prouince de Mangi, a lentour de l'isle de Zipangri, se trouuent plusieurs autres petites isles, que les pilottes estiment estre en nombre sept mil quatre cens quarátehuict, la plusgrande part desquelles est habitée & cultiuée: & n'y en à aucune ou ne croissent & viennent grandz arbres & petitz bocages fort odoriferens: aussi on y trouue des espiceries en grande abondance: toutesfois les marchandz estrangers n'y frequentent point, sinon les habitás de la prouince de Mangi, qui en hyuer y vont traffiquer, puis s'en retournét en esté: car en ce destroict y à seulemét deux ventz lesquelz soufflent a l'opposite l'vn de l'au

Ce destroit est appellé Archipelague.

tre, a sçauoir l'vn à son cours en esté & l'autre en hyuer. Mais pource q̃ ie n'ay esté es isles dessusdictes ie n'ay deliberé d'en parler plus auant, ains retourneray au port de Zarten, pour de la tirer en autres regions & prouinces.

De la prouince de Ciamba.   Chap. IX.

LEuans les ancres du port de Zarten, & faisans voile sur la coste de Garbin, on paruient en la prouince appellée Ciamba, qui est eslongnée & distante du port dessusdict de cinq cés lieuës. Ceste prouince est grande & spacieuse, abondante en richesses, & de laquelle les habitás sont idolatres, ayás langaige particulier. En l'an de l'incarnation de nostre seigneur mil deux cens soixante huict, le grand Cham enuoya vn de ses capitaines & lieutenant general, nómé Sogatu auec grosse armée, pour subiuguer & reduire a son empire ceste prouince. Mais quand il fut entré quelque peu auant dans le païs, & recõgneu les villes & chasteaulx d'icelle auec leurs munitions, forteresses & garnisons, il les iugea imprenables quelque violéce ou assault qu'on y peult faire. A ceste cause s'aduisa de gaster le plat pays, brusler villages, coupper les bois, & faire si grandes ruines, degastz & demolitions au pays, que le Roy n'osant se mettre en campaigne & aduanturer sa fortune se rendit voluntairement tributaire au grand Cham, moyennant que ce capitaine Sogatu se departist & retirast de son pays. Et

Sogatu.

Bruslemẽt de plat pays.

BB ii

DES INDES ORIENTALES

furent les conuétions de paix arreſtées, a la charge de bailler par chacun an par le Roy de Ciamba au grád Cham le nombre de vingt Elephans beaux & ſinguliers pour tribut annuel. Et moy Marc Paule ay eſté en ceſte prouince, de laquelle le Roy auoit lors ſi gráde quantité de femmes, qu'il en auoit trois cens vingt ſix enfans que filz que filles, & dont y en auoit deſia cent cinquante qui pouuoient porter armes. En ceſte contrée on trouue grande quantité d'elephans, grande abondance de bois d'Aloes, & ſemblablement des foreſtz de bois d'ebene.

De l'iſle de Iaua.   Chapitre X.

Vltre la prouince de Ciamba tirans encores vers le Garbin par cinq cens lieuës, on paruient a vne grande iſle, appellée Iaua, qui contient en circuit enuiron mille lieuës. Le Roy d'icelle n'eſt tributaire a aucun. Il y a grande abondance de poyures, muſcades, gingembres & autres eſpiceries: au moyen de quoy les marchans y frequétent fort pour le gaing & proffit qu'ilz retirent de la traffique des eſpiceries. Les habitans ſont grádz idolatres, & n'ont encores a preſent peu eſtre aſſubiectiz & renduz tributaires au grand Cham.

LIVRE TROISIESME.

De la prouince de Boeach. Chap. XI.

Aisant voille oultre l'isle de Iaua, on trouue a deux cens lieuës de distance deux isles appellées Sondur & Condur: Oultre lesquelles en tirant encores vers le Garbin se descouure la prouince de Boeach, a distáce de cent cinquante lieuës, qui est grande & opulente en richesses. En icelle y a Roy particulier, & langaige distinct & separé. Ilz sont grandz idolatres. Les ours y sont priuez & domestiques, encores qu'ilz soient grás comme lyons. On trouue au pays grande quantité d'elephans, & abondance d'or. Les habitás en lieu de mónoye usent de certains grains d'or. Il y a bien peu de gens estrangers qui frequentent en ceste prouince, au moyen de la cruaulté & inhumanité des habitans d'icelle.

Sŏdur & Condur.

Ours priuez.

De l'isle de Petan. Chap. XII.

E la prouince de Boeach tirant vers le Midy, a cent cinquante lieuës de distance on descouure l'isle de Petá, qui se consiste la pluspart en forestz & bocages, dont les arbres sont fort odoriferens, & desquelz on tire grád proffit. Entre Boeach & Petan on trouue vingt lieuës de mer si basse, que les nautonniers sont contrainctz retirer & leuer les gouuernaulx: car on y trouue le

BB iii

DES INDES ORIENTALES

gué si apparēt, que sa profondité n'excede point deux toyses. De la on va au royaume de Maleteur, auquel y a grande abōdance d'espiceries & drogues aromatiques, & ont les habitans d'iceluy lāgage particulier.

De l'isle appellée Iaua la mineur. Chap. XIII.

Vltre l'isle de Petam, faisant voile selon le cours du vent Syroch, se recōgnoist a trēte lieuées de distāce l'isle de Iaua, appellée la mineur, qu'on estime auoir de tour & circuyt de six a sept cens lieuës. L'isle est diuisée en huict royaumes, vsans toutesfois d'vn mesme langage. Elle produist diuerses sortes d'espiceries, qui n'ont encores esté veuës ny cogneues en ces pays d'Occident. Les habitans adorent les idoles. Ceste isle s'estēd si auant vers Midy, que lon n'y recongnoist point le pol artique, n'aucunes des estoilles circumadiacētes. Ce que moy Marc Paule puis asseurer pour auoir esté en ceste isle, frequenté, circuy, & tournoyé les six royaumes d'icelle, assauoir Ferlech, Basmam, Samara, Dragoian, Lambri, & Fansur. Quant aux deux autres royaumes, ie n'y ay point esté.

Huict royaumes en l'isle de Iaua.

Du royaume de Ferlech. Chap. XIIII.

Es habitans du royaume de Ferlech pour le regard de ceulx qui se retirent & habitent es mōtaignes, n'ont aucune loy ne ciuilité, mais viuent brutallement: & adorent la premiere chose qu'ilz rēcontrent, & se presen-

LIVRE TROISIESME. 100

te a eulx le matin. Oultre mangent la chair de toutes sortes de bestes indifferemment, soient des bestes immundes & salles, ou autres: mesmes mágent chair humaine. Et au regard de ceulx qui sont demeurans sur les riuages de la mer, ilz tiennent & obseruent la loy de Mahumet, laquelle ilz ont apprinse des marchans Sarrazins qui vont traffiquer en ces parties.

Ges adorās la premiere chose qu'ilz rencontrēt au matin.

Du royaume de Basmam. Chap. XV.

AV royaume de Basman le langaige est quelque peu different des autres: les habitans viuent bestiallement, & recognoissent le grand Cham pour souuerain Seigneur, toutesfois ne luy payent aucuns tributz, sinō que quelquesfois ilz luy font present de bestes sauluages. On trouue en leur pays des Elephans & Licornes en grande quantité: lesquelles licornes sont quelque peu moindres en grandeur que les elephans: elles ont le poil comme vn buffle, & les piedz comme l'elephát, la teste comme vn porc sanglier: aussi elles se veaultrent voluntiers dedans les fanges & autres immūdices a la maniere des porcz: Au mylieu du front elles portent vne corne, assez grosse & noire, leur lāgue est fort rude & poignāte, & de laquelle ilz blecent & les hommes & les bestes. Semblablement on trouue en ceste contrée diuerses especes de singes, de grandz & petitz fort retirans a la semblance humaine. Les ve-

Descriptiō des licornes.

Singes.

neurs les prennent a la chasse, & leur ostent entierement le poil de dessus le corps, excepté es lieux de la barbe, & es parties hôteuses: ce qu'ilz font de propos deliberé, pour plus amplement les faire representer la figure humaine. Et les ayant ainsi du tout nettoyez de leur poil les embasment auec drogues aromatiques, puis les font desecher au soleil, & les védent aux marchandz estrangers, qui les transportent en diuerses cōtrées & regions du monde, persuadans & faisans a croire que ce sont especes de petitz hommes qu'on trouue es isles de la mer.

Singes desguysez en petitz hōmes.

Du royaume de Samara. Chap. XVI.

EN ce royaume de Samara, moy Marc Paule auec mes cōpaignons ay seiourné, non sans grand ennuy & fascherie par l'espace de cinq moys, en attendāt le temps opportun pour fairevoile en mer: car les habitans du pays sont gens bestiaux, viuās fort brutallement, oultre qu'ilz sont cruelz & accoustumez a manger chair humaine. Au moyen dequoy pour euiter leur frequétation & cōpagnie, nous dressasmes sur la coste & riuage de la mer quelques loges faictes de bois que nous fortiffiasmes de rempars & fossez pour no⁹ tenir sur noz gardes & en seureté des habitās. En ce royaume on ne veoit point l'ourse mineur ne la maieur qu'on appelle le grád chariot, tant ceste isle est pendente sur le Midy, & reculée de septétrion.

Antropophages.

LIVRE TROISIESME. 101

trion. Les habitans sont idolatres. On y pesche de bōs poissons, & en grande quantité. Il n'y prouient aucun froment, mais ilz font leur pain auec la seméce de riz. Semblablemēt ilz n'ont aucunes vignes, mais ilz font leur boyture d'vne liqueur qu'ilz extrayent de certains arbres en ceste maniere. Ceste isle est peuplée de grande quantité de petitz arbres portans chacun quatre brāches, lesquelles en certaine saison de l'an ilz incisent & en reçoyuēt en quelque vaisseau vne liqueur qui en decoulle en si grande abondance, que de chacune branche en moins d'vn iour & d'vne nuict ilz en recueillent vn plein seau, lequel ilz vuident ou en remettent vn autre, & consecutiuement l'emplissent par tant de fois iusques a ce que la branche cesse de distiller, voyla leur maniere de vendanger. Oultre ilz prouoquent les arbres a rendre & distiller ceste liqueur en plus grande abōdance en les arrosant d'eaue souuentesfois, laquelle ilz respandent au pied & sur les racines de l'arbre, quand ilz voyent que bien peu & lentement il degoutte: toutesfois ceste liqueur forcée n'est pas si sauoureuse, que celle qui distille naturellement de l'arbre. On y trouue encores en ceste cōtrée des noix Indiques en grande abondance.

Vin tiré des arbres.

Du royaume de Dragoiam. Chap. XVII.

AV Royaume de Dragoiá habitent gés brutaulx & sauluages qui adorent les idoles, & ont leur Roy particulier, & le langage different & separé. Ilz obseruent vne coustume & vsance, que

CC

DES INDES ORIENTALES

quand aucun d'eulx tumbe en gráde infirmité de maladie, ses voisins & parentz assemblent les Magiciens & enchanteurs, & s'enquierent d'eulx si le malade doibt recouurer guarison: a quoy ilz respondent ce qu'ilz en sçauent par la suggestion des diables: & s'ilz dient que le malade ne peult venir a conualescence, ains qu'il luy conuient mourir de telle maladie: incótinent ilz s'approchent du malade, & luy ferment la bouche, en telle sorte qu'il ne puisse respirer, ainsi le suffoquent & font mourir au parauant que la maladie l'ayt grandement attenué, puis le diuisent en pieces qu'ilz font cuyre, & le mangent en grande solénité, y assemblans tous les voisins & prochains parés du defunct. Car ilz dient q̃ si la chair estoit par lógue maladie reduicte a putrefaction, elle se conuertiroit en vers, lesquelz finablement se consumeroient & mourroient de faim, dõt l'ame du defunct souffriroit griefues peines & tormens. Et au regard des os du defunct ilz les ensepuelissent & enfermét dedans les creux des montaignes, ou les hommes ne bestes ne puissent attaindre. Et s'il aduient qu'ilz prennent quelque hóme d'estrange nation, s'il n'a la puissance de payer sa rançon & se rachepter par argent, ilz le tuent & mágent.

Mauluais traittemét de malades.

Cruelles sunerailles.

Superstitiõ estrange.

Du royaume de Lãbri. Cha. XVIII.

IL y a en ceste isle vn autre royaume appellé Lambri, auquel prouient gráde quantité d'espiceries: mesmement certaines plantes qu'ilz appellent Byrces y croissent en gráde fer-

Byrces.

tilité & abondance, lesquelz apres qu'ilz sont creuz, ilz transplantent & les laissent par trois ans en terre, puis les arrachent auec leurs racines. De ces byrces moy Marc Paule en apportay quelques vns en Italie, lesquelz ie feiz semer soigneusement, mais a faulte d'auoir terre propre & commode selon la chaleur de la region, ilz ne peurent croistre. Les habitans de ce royaume sont semblablement idolatres. On y trouue aussi quelques habitans qui ont des queuës côme les chiens de la longueur d'vne paulme, mais ceulx la n'habitent point en ville, ains se retirent es montaignes. Semblablement on y trouue des licornes, & plusieurs autres diuerses especes de bestes sauuages. *Hommes ayans queuës.*

Du royaume de Fanfur. Chap. XIX.

AV royaume de Fanfur croist le Camphre fort exquis & singulier, tellement qu'on l'estime au pris de l'or. Les habitás ne font leur pain que de riz, par ce qu'ilz ne recueillent aucuns bledz. Ilz extrayent leur boiture des arbres en la forme cy dessus descripte. On trouue en ceste region certains gros arbres qui ont l'escorse tendre & deliée, soubz icelle se trouue vne farine blanche & de bon goust auec laquelle ilz apprestent leurs viandes fort delicatement, & moymesmes ay quelquesfois prins plaisir a en manger, & en trouuoys la viande plus sauoureuse. *Farine tirée des arbres.*

CC ii

DES INDES ORIENTALES

De l'isle de Necuram. Chapitre XX.

Hommes sauuages.

DE l'isle de Iaua a cinquante lieuës de distance on descouure deux isles, assauoir Necuram & Anganiam. Les païsans de Necuram viuent fort brutallement. Ilz n'ont aucun Roy ne gouuerneur sur eulx. Ilz vont tous nudz tant les hommes que les femmes, sans couurir aucune partie de leurs corps. On trouue en ceste isle de grãdes forestz peuplées d'arbres de sandaulx rouges, noix Indiques, & cloux de girofle: aussi y a grande abondance de byrces, & autres diuerses espiceries aromatiques.

De l'isle d'Anganiam. Chapitre XXI.

Cynocephales.

L'Isle d'Anganiam est de grande estendue, peuplée de gés fort cruelz & sauuages, viuantz en grande brutalité. Ilz adorent les idoles, & se nourrissét de riz, laictages & chairs, mesmemét humaines. Ce sont gens difformes & hideux a veoir, car ilz ont la teste quasi formée comme celle d'vn chien, ayant les dentz & les yeulx entierement semblables a ceulx d'vn chien. En ceste isle y a merueilleuse abondance de toutes sortes d'espiceries aromatiques, & diuerses especes d'arbres, portantz fruictz estranges, & dont n'auons cõgnoissance es pays occidentaulx.

LIVRE TROISIESME. 103
De la grande Isle de Seylam. Chap. XXII.

DE ceste isle tirant selon le cours du vent de Garbin, iusques a la grande isle de Seylam, on y trouue de distáce enuiron trois cens quaráte lieuës. Laquelle isle de Seylam est estimée l'vne des meilleures & plus fameu- *Louäge de l'isle de Seylam.* ses isles du móde, ayant de tour & circuit de six a sept cens lieuës, encores que autresfois elle ayt esté plus grande & spacieuse: car le bruit commun est au pays que au temps passé elle contenoit douze cens lieuës de circuit: mais que le vent septétrional par plusieurs années a tellement esmeu la mer circonuoisine, que par ses vndes & flotz impetueux, elle à par succession de temps miné & retranché les riuaiges de l'isle, en sorte que mesmes les haultes mótaignes ont esté ruinées & precipitées en l'eau, & que de iour a autre grande espace de terre est abismée en la mer. Ceste isle est gouuernée par vn Roy fort riche & opulent, & qui n'est tributaire ne subiect a aucun. Les habitans sont idolatres, & vont tous nudz comme bestes, hors mis qu'ilz couurent leurs parties honteuses d'vn linge. Ilz n'ont aucuns bledz fors du riz dont ilz font leur pain, duquel viuent & de laictaiges. Ilz ont grande abondance de graine de Sosyme de laquelle ilz font de l'huille. Et au regard de leur vin & boytures ilz l'extrayent des arbres en la maniere cy dessus descripte. De ceste *Pierres p̃cieuses en abondáce.* isle prouiennét infinies pierres precieuses, comme ru

CC iij

DES INDES ORIENTALES

bis, faphirs, topafes, amethiftes & autres pierres exqui-
fes & de grád valeur. Le Roy du païs à vn ruby qu'on

Rubiz de grandeur admirable.

iuge n'auoir fon pareil en pris & valeur en tout le mōde: car il eft grand comme la paulme de la main, & à
d'efpeffeur trois doigtz, fans aucune tache ne macule,
& reluift comme vn charbon ardent. Le grand Cham
luy à quelquefois prefenté pour cefte noble pierre
vne belle & grande ville de fon pays, laquelle toutef-
fois il à refufée, mefmement pource qu'il l'auoit comme par droict fuccefsif de fes predeceffeurs. Les habitans de l'ifle ne font pas fort aguerris ne adextres aux
armes: mais quand il leur conuient mener guerre, ilz
foldoyent gens eftrangers pour ce faire: mefmement
des Sarrazins.

Du royaume de Maabar fitué es haultes Indes.
Chap. XXIII.

Vltre Seylam a vingt lieuës de diftā-
ce eft la prouīce de Maabar, qui autrement eft appellée Inde la maieur,
qui eft en terre ferme & non point
ifle. En cefte prouīce y à cinq Roys,
chacun defquelz eft riche & opulét.
Au premier royaume d'icelle, nommé Var, eft Roy &
gouuerneur vn nommé Senderba: en ce royaume de
Var le Roy à moyen de recouurer quand il luy plaift

perles en grāde quā-tité.

grāde quātité & abōdáce de perles, car en cefte prouīce paffe & reflue entre la terre ferme & vne ifle voy-
fine vn petit bras de mer, qui fe peut quafi paffer a gué

LIVRE TROISIESME. 104

car la plusgrande profondité d'iceluy n'est q̃ de cinq toises, & ordinairemẽt n'a qu'vne toise ou toise & demie, & en ces endroictz on pesche les perles. Et pour ceste cause les marchandz estrangers s'y transportent & frequentent souuent, & en grand nombre, & cõduisent leurs nauires & basteaux en ce destroict, puis cõuiennent auec des paisans qu'ilz louent & salarient moyennant certain pris, & les font plonger en la mer & pescher les grandes huistres, dedans lesquelles ilz trouuent les perles. Or ces pescheurs apres auoir esté quelque espace soubz l'eaue quand ilz ne rencontrẽt riens, & ne peuuent plus soustenir l'eaue sans prẽdre vent, retournent sur l'eaue pour reprendre haleine, puis de rechef se plongent & precipitent en mer, & cela reiterẽt par plusieurs fois le iour iusques a ce qu'ilz ayent trouué ce qu'ilz demandent. Semblablemẽt en ceste isle de mer se trouuẽt de grandz poissons qui facilement submergeroient & tueroient les hommes, s'ilz n'auoient l'industrie d'y obuier & euiter le peril en ceste maniere. Les marchãdz qui font ceste pesche & traffique s'adressent a certains enchãteurs qu'ilz appellent. Abraiamin, & moyennant certain pris qu'ilz leurs donnent, par leurs enchantemens & art diabolique coniurent ces poissons, en sorte qu'ilz n'ont la puissance de nuyre ne blesser aucune personne. Mais quand la nuict s'approche & qu'on remet la pescherie au lendemain, les enchanteurs relaschent & font cesser leur coniuration pour obuier a ce que pendant la nuict ne viennent aucuns larrons se plonger dans

Forme de trouuer les perles orien-tales.

Abraia-min enchã-teurs de poissons.

DES INDES ORIENTALES

la mer sachans le peril en estre hors, & transporter les huistres auec leurs perles & en frustrer les marchádz. Et d'auantaige n'y à en tout le pays gens qui puissent enchanter ces poissons, ne qui sachent les motz de la coniuration, sinon les magiciés appellez Abraiamin.

Saison pour pescher les perles. Telle pescherie ne se faict pas en toutes les saisons de l'année, ains seulemét es moys d'Apuril & May. Toutesfois en ce peu de temps on en retire vne infinité de perles. Et au regard des marchandz ilz en payent au Roy du pays dix pour cent, qui est la dixiesme partie: mais aux enchanteurs ilz en baillét la vingtiesme partie: & aux pescheurs aussi en baillét portió raisónable. Or depuis la my-may ne se trouuent plus en cest endroict ne d'huistres ne de perles, mais en certain autre lieu qui est a distance de cent lieuës on en pesche es moys de Septembre & Octobre. Les habitans de ceste prouince cheminent en tout temps nudz, sinon qu'ilz couurent de quelque linge leurs parties honteuses.

Le Roy du pays nud. Le Roy mesmes va tout nud comme les autres, ayát en son col vne chesne d'or enrichie de plusieurs saphirs esmeraudes, rubis & autres pierres precieuses. Oultre a pendu a son col le nombre de cét quatre grosses perles enfilées en vn cordon de soye, en for-

vsage de patenostres aux Indes. me de patenostres, pour l'aduertir & admonnester de dire par chacun iour cent quatre oraisons en l'honneur & reuerence de leurs dieux, & les barboter tant au matin qu'au soir: d'auantage il porte en ses deux bras & es deux cuisses des brasseletz & cercles d'or, esquelz sont enchassez plusieurs & diuerses pierres, precieuses

LIVRE TROISIESME. 105

precieuses & de grand valeur. Encores es doigtz des mains & des piedz il porte plusieurs anneaux & ioyaux d'or, garniz & enrichiz de pierres exquises & de grand pris. Il a enuiron cinq cens femmes, mesmes dernieremēt il osta & rauit la femme d'vn de ses freres: lequel toutesfois n'a osé contredire, mais fut contrainct dissimuler l'iniure.

Du royaume de Var, & des erreurs des habitans d'iceluy. Chapitre XXIIII.

Es habitans du royaume de Var sont tous idolatres, & la plus part d'entre eulx adorent vn beuf cōme vne chose sacrée & saincte, au moyē de quoy iamais ne tuent aucun beuf. Et quād il aduient qu'vn beuf meurt, ilz frotent & enduisent leurs maisons de sa gresse. Toutesfois y en à aucuns qui ores qu'ilz ne voulsissent tuer vn beuf, neātmoins ne delaissent a en māger, si par autres ont esté tuez. Ilz disent que le benoist sainct Thomas apostre a esté martyrizé en ce pays, & que son corps est encores soigneusement gardé en certaine eglise du pays. En ceste prouince y a grande quantité de Magiciens & enchanteurs, s'adonnans entieremēt a pronostiquer & predire les choses futures. Semblablement y a plusieurs monasteres, esquelz on faict sacrifices & adorations aux idoles. En iceulx aucuns habitans dedient & cōsacrent leurs filles, lesquelles tou-

Le beuf adoré pour Dieu.

S. Thomas l'apostre.

Coustume de dedier les filles au seruice des idoles.

DD

DES INDES ORIENTALES

tesfois ilz retiennent en leurs maisons: mais quand les prestres & sacrificateurs des idoles veulent celebrer quelques festes & sacrifices, ilz y appellét les filles qui y ont esté consacrées, & auec elles font des danses & tripudiations en la presence de leurs idoles, chantans & crians a haulte voix sans ordre ne mesure. D'auantage ces filles portent auec elles des viandes, qu'elles dressent & apprestent sur vne table deuant leur idole, mesmement respandent deuant luy le iust & potage de la chair, estimás qu'en cela il en soit merueilleusement contenté & resiouy. Ces ceremonies paracheuées les filles retournent en la maison de leurs parés, & seruent en ceste maniere aux téples des idoles iusques a ce qu'elles soient mariées. Oultre est obseruée telle coustume en ceste prouince, que quand le Roy est decedé, & son corps porté au feu pour brusler (qui est la forme de leur sepulture) plusieurs cheualiers qui ont esté en sa grace, & de son viuant conuersé familierennt auec luy, se iectent tous vifz apres luy dedans le feu, estimans que telle amytié se continuera en l'autre monde sans aucune separation. Autant en font les femmes quád on brusle le corps de leurs mariz defunctz, soubz espoir qu'elles ont d'estre encores leurs femmes en l'autre monde: & celles qui ne veulent ce faire sont deiectées, & en nulle estime & reputation entre eulx. Encores y a vne autre coustume detestable en ce pays: que quand aucun pour faultes & delictz par luy commis est punissable, & en voye d'estre condemné a mourir publiquement par iusti-

Sotte superstition es funerailles du roy.

ce, il repute qu'on luy faict grand grace & misericorde, si le Roy luy permet de se faire mourir en l'honneur de quelqu'vn de leurs idoles. Et si telle grace luy est octroyée par le prince, incontinent ses proches parens s'assemblent, viennent au criminel, & luy pédent au col dix ou douze cousteaux bien aguz & acerez, puis le mettent en vne chaire, & le pourmenét en tous les endroictz de la ville crians a haulte voix : cest hõme icy, en l'honneur d'vn tel, ou tel dieu se doibt au iourd'huy faire mourir : puis le menent au lieu auquel se faict la iustice & execution des malfaicteurs: auquel arriuez, le criminel tenant en sa main l'vn de ces cousteaux dira a haulte voix : Cest moy qui pour l'honneur & reuerence d'vn tel dieu me tue presentement : & lors se frappera d'vn cousteau dedans le corps, puis en prendra vn autre, duquel semblablement il se blecera, & consecutiuement se donnera tãt de coups, que finablement il tumbera mort: & fault q̃ pour chacun coup il prenne nouueau cousteau, sans se frapper deux coups d'vn mesme cousteau. Puis les parens prennent le corps mort, & en grand ioye le bruslent & reduisent en cendre. Oultre les habitans du pays sont si ordz & abominables en leurs vilaines affections de paillardise, qu'ilz ne reputent a peché aucune espece de luxure.

Gens qui se tuent en l'honneur de leurs idoles.

DD ij

DES INDES ORIENTALES

De plusieurs autres coustumes du royaume de Var.
    Chapitre   XXV.

Vtre coustume y à en ceste prouince de Var, que tant le Roy que ses subiectz & habitans du pays, soit pour eulx reposer, ou prendre leur refection, s'asiét tousiours en terre:

Honneur a la terre.

& s'il aduiét qu'on les en repregne, ilz diēt & respōdent qu'ilz sōt nez de la terre, & doibuent retourner en la terre: pour ceste raison veullent honorer la terre. Ilz ne sont aucunement belliqueux ne vsitez aux armes: & quand ilz vont a la guerre, ilz ne se couurent d'aucuns vestemens ou armeures, mais seulemēt portent sur eulx leurs targes & iauelotz. Ilz ne veullent tuer aucunes bestes, mais s'ilz veullēt manger de la chair ilz la feront tuer par quelque autre qui ne sera de leur nation. Tant les hommes que les femmes se lauent le corps deux fois par chacun iour, &

Heresie pour ne se lauer deux fois le iour.

s'ilz auoient obmis a ce faire, ilz seroiēt tenuz & reputez pour heretiques. Ilz punissent rigoreusement les larrons & meurdriers. L'vsage du vin leur est totalement defendu. Et si quelqu'vn se treuue auoir beu du vin, cela verifié on le repute infame, & iamais n'est receu a porter tesmoignage en iustice. Semblablement ilz estimét reprochables & indignes de porter tesmoignage ceulx qui se sont aduenturez d'aller en nauires sur mer: car ilz dient que ce sont gens desesperez, & qu'ilz n'ont l'esperit certain & asseuré.

LIVRE TROISIESME.

De quelques autres manieres de faire des habitans du royaume de Var.
Chap. XXVI.

LE royaume de Var ne produist aucunes bestes cheualines: au moyen dequoy le Roy d'iceluy comme semblablement les autres quatre Roys de la prouince de Maabar exposent & emploiét chacū an gros deniers pour fournir leurs escuyries de cheuaulx. Car ordinairement par chacune année ilz acheptét enuirō dix mil cheuaulx qui leur sōt admenez par les marchandz & maquignons des prouinces de Curmos, Chisi, Durfar, Ser & Edon qui en retirent d'eulx grand proffit & emolument. Oultre que par chacunes années ilz sont contrainctz ou les cháger & troquer, ou en achepter d'autres: car en ceste contrée les cheuaulx n'y peuuent viure longuement: on ne scait si cest par l'inclemence de l'air, ou faulte de ceulx qui les traictent qui n'entendent le moyen de leur subuenir s'ilz tumbent malades. Mesme s'il aduient qu'aucunes iumens facent leurs poulains en ce pays, ou elles aboruient, ou leur poullain aura les piedz tors, ou quelque autre deffault naturel, qui le rédra inhabille a cheuaucher. Ioict qu'en ceste prouince ne croist aucune espece de bled, fors du riz, qui cause qu'ilz n'ont le moyé d'auoir des fourrages, ne de pouuoir nourrir cheuaulx: sinō qu'ilz leur presentét de la chair cuitte auec du riz. En cest pays faict

DD iij

DES INDES ORIENTALES

merueilleusement chault, pour ceste cause les habitás cheminent en tout temps nudz, & iamais n'y pleut, sinon es moys de Iuing, Iuillet & Aoust. Mais s'il auoit cessé de pleuuoir en ces trois mois a suffire pour refraischir & temperer l'air, il ne s'y trouueroit aucun homme qui peust y viure & conuerser, a cause de la grande & extreme chaleur. On y trouue grãde quantité d'oyseaulx, & de diuerses sortes, qui sont par deça incongneuz.

De la ville en laquelle repose le corps de sainct Thomas Apostre. Chap. XXVII.

EN la prouince de Maabar qui est en la haulte Inde est conserué curieusemét le corps de sainct Thomas apostre, qui peu de téps apres la passion de nostre Seigneur Iesuschrist y fut pour le soustenemét & publication de la foy martyrisé: le corps duquel repose en vne petite ville, en laquelle y à grand nombre de Chrestiés, mesmes des Sarrazins qui obseruét le corps sainct en grand honneur & reueréce: encores qu'en ce lieu peu de marchandz y frequentent, car il y à bien peu de traffiques de marchandises. Les habitás du pays dient que ce sainct Apostre à esté vn grád prophete, & l'appellent Auariiam, c'est a dire hóme sainct. Et les Chrestiens qui viennent de loingtain pays visiter en pelerinage le corps sainct, emportét auec eulx de la terre, en laquelle on dict le benoist apostre auoir esté occis, &

S. Thomas appellé Auariiã.

LIVRE TROISIESME. 108

d'icelle font certains breuuages pour les bailler aux malades, qu'ilz croyent par ce moyen venir a cõualefcence & eftre deliurez de leurs infirmitez. Oultre ilz dient qu'en l'an de noftre Seigneur mil deux cés quatre vingtz & fept, aduint tel miracle au lieu de fa fepulture: que le gouuerneur du païs ayant cefte année recueilly grande quantité de riz, & n'ayant granges & lieux fuffifans pour le retirer, prit & occupa les maifons & eglife de fainct Thomas, efquelles malgré les miniftres conferuateurs d'icelles, il en fift ferrer & retirer grande quantité. Aduint que peu de temps apres ce gouuerneur prenant fon repos de nuict, s'apparut a luy le benoift Sainct, tenant vne fourche fiere en fa main qu'il prefentoit contre la gorge du gouuerneur le menaffant de le faire mourir, luy difant: Si tu ne vuides incontinent & fans delay mes maifons que tu as vfurpées & empefchées tu mourras de male mort. Lequel refueillé fift en toute diligéce vuider & nettoyer lefdictes maifons, felon l'admonitiõ & aduertiffemét de l'Apoftre. Et d'icelle vifion les Chreftiés aduertiz, en grande ioye & folennité rendirent graces a Dieu, & au benoift fainct.

Miracle aduenu en l'eglife fainct Thomas.

De l'idolatrie des payfans de ce royaume. Chap. XXVIII.

Tous les habitans de la prouince de Maabar, tant hommes que femmes, font fort noirs, auſsi par moyens artificielz ilz ſçauent appliquer cefte couleur noire a leur corps: car la couleur de noir extreme foit en hõ-

Couleur noire la plus belle.

DES INDES ORIENTALES

me ou en femme leur semble extreme beaulté. Pour ceste cause ilz oignent leurs petitz enfans trois fois la sepmaine d'huille de sosime, qui les rend noirs perfaictement: & d'autát qu'vn d'entre eulx est le plus noir, il est estimé le plus beau. Aussi les idolatres d'entre eulx peingnent leurs images les plus noires qu'il est possible: & dient que les dieux & sainctz sont tous noirs. Et au regard des diables ilz les peignent blácz: affermans que les mauuais esperitz sont fort blancz. Et quant a ceulx qui adorent les beufz, s'ilz vont d'aduenture a la guerre, ilz porteront sur eulx du poil de quelque beuf sauuage, ou l'attachent aux creins de leurs cheuaulx, sur lesquelz ilz seront montez: & les gens de pied les attachent a leurs targues ou a leurs cheueulx, s'asseurans par ce moyen d'estre exemptz de tout peril & danger, car ilz ont le beuf sauuage en grande reuerence, croyans qu'en luy y à grande sainc-
teté.

Anges noirs & diables blancz.

Du royaume de Mursil auquel on trouue les diamantz. Chap. XXIX.

Vltre le royaume de Maabar, a distáce de soixáte ou quatrevingtz lieuës est le royaume de Mursil, qui n'est subiect ne tributaire a aucun. Les habitans d'iceluy viuent de laictaiges, chairs, & riz, & sont idolatres. En aucunes montaignes de ce royaume on trouue des diamantz: car quand il à pleu les paysans viennent aux lieux

LIVRE TROISIESME. 109

lieux des ruisseaux & rauines d'eaues qui descendent *Montai-* des môtaignes ou ilz recueillent dedans l'arene & sa- *gnes ou lon* blon grande quâtité de diamantz. Mesmes en esté ilz *mantz.* grimpét sur les crouppes & sommetz des môtaignes, pour chercher les diamantz qu'ilz trouuent entre les collynes & concauitez des courráces de l'eaue, ce qui ne se faict sans grande difficulté & labeur, tant pour l'extreme chaleur qui les moleste, que pour le dâger ou ilz s'exposent a cause des grans serpens qui y repairent en grand nôbre. Et quelquefois aduiét qu'ilz y recueillent grande quâtité de diamantz en ceste maniere: Il y à certains aigles blancz qui se retirét & font leurs aires en ces haultes montaignes inaccessibles, & se repaissent des serpens dessusdictz. Et quand les paisans qui sont accoustumez de grimper en ces montaignes, & rechercher les susdictes pierres, rencôtrét quelques rochers eminens, qui les empeschét de passer oultre pour paruenir a quelque petite bute ou colline, au fond de laqlle ilz iugent y auoir des diamâtz, incontinent prennent vne piece de chair fresche & la gettét en cest endroict a la veuë des aigles qui se ruét incontinent dessus & la transportét: ce qui ne se peut *Ruse pour* faire sans qu'il y ayt quelques diamâtz, ioinctz & ad- *retirer les* herens a la chair: ce que les paysans sçauét bien pour- *diamâtz* suiure: car ilz regardét en quel endroict l'aigle porte- *d'vn lieu* ra la piece de chair, & courét apres tellemét qu'ilz luy *inaccessi-* font lascher la piece, autour de laqlle ilz trouuét les *ble.* pierres adherétes. Ou bien si l'aigle mâge sur le lieu la chair ilz aduiseront l'endroict de son giste & ou

EE

DES INDES ORIENTALES

elle se retirera la nuict, puis recherchans dedãs sa fiante, trouuent les diamãtz, si aucuns elle a mangez auec la chair. Les Roys & Princes de ceste region acheptét pour eulx les plus belles & excellentes pierres: les autres ilz permettent estre transportées par les marchás es pays estranges. Le pays est abondát & fertile de toutes sortes de viures, mesmement y à des moutons de telle grandeur que ie ne pense en tout le monde y en auoir de plus grandz.

Du royaume de Lae.   Chap. XXX.

EN tirát de la prouince de Maabar vers occidét, se presente la prouíce de Lae, en laquelle habitent les Abraiamins, qui sont gens abhorrés sur tout le métir. Ilz n'espousent qu'vne femme. Ilz ont en grande abomination les rauissemens & larrecins. Ilz n'vsent de vin ne de chair, & ne tuent iamais beste. Ce sont grandz idolastres, & adonnez aux diuinations. Quand ilz veulent achepter quelque chose, ilz regardent premierement leur vmbre au soleil, & lors (selon leur folle superstitiõ) ilz paracheuent leur marché. Ilz mangent peu, & font de grandes abstinences. Encores en leurs viandes vsent de certaine herbe qui est singuliere pour aduancer la digestion. Iamais ne se font tirer sang des veines. Entre eulx y a certains idolatres qui en l'honneur & reuerence de leurs idoles viuent fort religieusement: ilz cheminent tous

Maniere de viure des Abraiamins.

LIVRE TROISIESME.   110

nudz, n'ayans aucune partie de leurs corps couuerte, dont ilz dient n'auoir hôte pource qu'ilz sont sans tache de peché. Ilz adorent les beufz, & en grande ceremonie & reuerence frottent leurs corps de certain vnguét qu'ilz fôt de la moelle extraicte des os broyez des beufz. Quád ilz mágent ilz n'ont aucunes escuelles, mais ilz mettent leurs viandes sur des fueilles seiches cueillies de certains arbres qui portent des pommes de paradis, ou sur q̃lques autres fueilles seiches. Iamais ne mangent sur fueilles freschement cueillies. Semblablement ne mangent d'herbe verde ne fruict recent: car ilz diẽt que tout cela estant encores en verdure, à vie & vne ame, & pour ceste cause ne les veulẽt tuer & faire mourir: ce qu'ilz estimeroient a grád peché & offense s'ilz auoient priué aucune creature de sa vie. Ilz reposent sur la plaine terre: & les corps des trespassez ilz les font brusler.

Beufz en reuerence.

Du royaume de Coylum.   Chap. XXXI.

S I en delaissant la prouince de Maabar on passe oultre, se presentera a distance de deux cens lieuës ou enuiron le royaume de Coylum, auquel habitent plusieurs Chrestiens, Iuifz & Payens indifferément. Le Roy n'est tributaire ne subiect a aucun superieur. Semblablement ont les habitans du pays langage propre & peculier: & y croist le poyure en grande abondance, car les forestz & cam-

Forestz de poyuriers.

EE ij

DES INDES ORIENTALES

paignes du pays sont pleines de poyuriers, desquelz ilz recueillét le fruict es moys de May, Iuin & Iuillet. Oultre croist en ce pays vne certaine herbe, de laquelle les taincturiers font vne couleur qu'ilz appellent Endice, qui est merueilleusement plaisante & aggreable, & se prepare telle herbe en ceste forme: Premierement ilz la font tremper en certains vaisseaux pleins d'eaue, puis l'ayant faict desecher au soleil, la diuisent bien menu, & rompét en petites pieces, en telle forme qu'elle est a present transportée es pays de deça. Ceste region est tellement molestée de grandes & intolerables chaleurs, qu'a grãde difficulté on y peult viure: mesmes l'eaue des riuieres d'icelle est si chaulde, que lon y peult faire cuire vn œuf en petite espace de téps. Toutesfois le pays est fort frequenté de marchans, & s'y faict de grandes traffiques, pour le grand gaing & proffit que les marchás en peuuent retirer a cause des espiceries. Semblablemét on y trouue plusieurs & diuerses sortes de bestes totalement estranges, & qui en rien ne ressemblent aux autres communes es autres pays: car on y trouue des lyons entieremét noirs: des papegays blancz, ayans les piedz & le bec rouges : & des poulles totalement dissemblables aux nostres: laquelle difference & diuersité ilz'estiment proceder a cause de la chaleur extreme qui est au pays. La ne croist aucun bled fors du riz. Leur boiture en lieu de vin est faicte auec sucres: ilz ont grand nõbre d'astrologues & medecins. Ilz vont tous nudz tant hommes que femmes, excepté les parties honteuses qu'ilz cou-

Bestes & oyseaulx estranges.

LIVRE TROISIESME.

urent d'vn linge: & neantmoins sont oultre mesure adonnez a volupté charnelle, a cause de la grãde chaleur du soleil: Ilz sont fort noirs, laidz & difformes, ce que toutesfois ilz reputent a grande beaulté. Ilz prénent en mariage leurs parentes & consanguines au troisiesme degré. Semblablemét apres la mort de leur pere espousent la belle mere, & la vefue de leur frere, & ainsi obseruent communement par toute l'Inde.

Mariage incestueux

De la prouince de Comary. Chap. XXXII.

Comari est vne prouïce de l'Inde Oriétale: en laquelle on peult encores veoir & descouurir le pol artique: toutesfois depuis l'isle de Iaua iusques en ceste prouince, on ne le veoit aucunement, car toutes les regions qui sont entre deux, sont oultre le cercle equinoctial. Toute ceste prouince est bocageuse & pleine de forestz. Aussi on y trouue grande quantité de bestes diuerses & dissemblables des autres regions: mesmemét y a des singes qui representent merueilleusemét la figure humaine: oultre y a grande quantité de lyons & leopardz, qui discourent toute la prouince.

Singes.

DES INDES ORIENTALES
Du royaume d'Ely. Chap. XXXIII.

Tirant de la prouince de Comari vers la region Occidentale, a distance de cent lieuës, on vient au royaume de Ely: auquel y a Roy particulier, & langaige distinct & separé. Les habitás sont idolatres. Le Roy est fort riche & opulent, pour les grandes richesses & tresors qu'il a seulement, car pour le regard de son peuple il n'a pas grande puissance, encores que le pays soit par nature assez fortifié. Il y croist grande quantité de poyures, gingembres, & autres espiceries excellentes. Si quelquesfois vn nauire chargé vient surgir & prendre port en ceste prouince, contre le vouloir & intention des pilottes & gouuerneurs, comme forcez par l'oultrageuse impetuosité des vétz & tempeste, ou cótrainctz par autre necessité, incontinent les habitans du pays y accourent & rauissent tout ce qu'ilz trouuent dedans le nauire: & si les gouuerneurs & chefz du nauire en font plainctes, ilz leurs respódent: Vous auiez determiné de tirer en autre prouince, & y transporter voz marchandises, mais nostre dieu & la fortune ne l'ont voulu permettre, & vous ont icy en nostre faueur conduictz & enuoyez: pour ceste cause nous prenons ce que nostre dieu & la fortune nous enuoyent. En ceste region y a semblablement grande quantité de lyons & autres bestes sauuages.

Pillage soubz couuerture superstitieuse.

Du royaume de Melibar. Chap. XXXIIII.

Pres auoir oultrepassé le royaume de Eli, on entre au royaume de Melibar, qui est situé en l'Inde maieur, sur la coste Occidentale: auquel y a vn Roy particulier ne recognoissant aucun superieur, & n'estant a aucun tributaire. Les habitantz adorent les idoles, & ont langaige propre & particulier. On trouue en Melibar, & semblablemét au royaume de Gozurath (qui est proche & voisin) grand nombre de coursaires & escumeurs de mer, qui tous les ans s'assemblent iusques au nombre de cent nauires, & font plusieurs courses sur la mer, pillans & destroussans les marchans qu'ilz rencontrent: ilz menent auec eulx leurs femmes & enfans, & tout le téps d'esté sont vogans sur la mer, attendans les marchans pour leur clorre & fermer les passages: en sorte qu'a grande difficulté on peult passer oultre sans tumber en leurs mains: car auec vingt nauires ilz occuperont en trauersant la mer enuiron quaráte lieuës d'espace: assignás a chacun nauire pour obseruer les passages, deux lieuës d'espace: & quád ilz descouurét de loing approcher qlque nauire chargé de marchádise, ilz en aduertissent les prochains nauires auec vn signe de fumée, autát en font les autres nauires l'vn a l'autre cósecutiuemét, en sorte qu'en vn instát tous les pilottes & gouuerneurs sót aduertiz de l'aduenemét du nauire de marchádise prest a butiner: & lors accourent au tát de nauires qu'il sera besoing & necessaire pour spo

Pirates de mer en grand nóbre.

DES INDES ORIENTALES

lier & piller le nauire qui tūbe en leurs mains. Quant aux marchans & personnes qu'ilz trouuent au nauire, ilz ne leur font aucū mal ne desplaisir, mais les descendent a terre en leur port, & les prient d'aller encores querir & amener d'autres marchandises, & passer par leur pays & destroictz. En ceste contrée y a grāde abōdance de poyures, gingēbres, & noix Indiques.

Du royaume de Gozurath.   Chap. XXXV.

Melibar est voisin & limitrophe vn autre royaume qu'ilz appellent Gozurath: ayant aussi Roy & langaige particulier, mais il est situé en l'Inde mineur vers Occident. Le pol artique y apparoist esleué sur l'orizon d'enuirō vne brasse, qui peult estre sept ou huict degrez du ciel. En ceste contrée y a semblablement plusieurs pirates & coursaires de mer, lesquelz quand ilz surprénent quelques marchans sur mer, incontinent les cōtraignent a boire des tamarins auec de l'eaue de la mer, qui soubdainemét leur cause vn grand flux de ventre: ce qu'ilz ne font sans cause: car les marchans preuoyans de loing approcher les Pirates & escumeurs de mer, ont de coustume aualler les perles & pierres plus precieuses qu'ilz ont, affin d'obuier qu'elles ne leur soiét ostées par ces coursaires: lesquelz toutesfois non ignorans telle astuce, les contraignent a vuyder & mettre hors par le moyen de ce breuuage,

Astuce des pirates

les perles

les perles qu'ilz ont englouties. En ce pays on trouue grande quantité d'endice, poyures & gingēbres. Oultre y a certains arbres, desquelz on retire de la soye en grande quātité. Ces arbres eroissent iusques a la haulteur de trois toyses seulemēt, chacū desquelz produira son fruict par vingt ans & nō plus, mais de là en apres s'aneātist, & ne vault plus rien. Oultre en ce pays les habitans ont l'industrie de preparer & accoustrer certains cuyrs si excellens, qu'a grande difficulté s'en pourroit trouuer de meilleurs en tout le monde.

Arbes portans soye.

Cuyrs excellens.

Des royaumes de Taua, Cambaeth & autres prouinces adiacentes. Chap. XXXVI.

DE la on va par mer es royaumes de Taua, Cambaeth, Samena, & Resmacorā qui sont situez sur la coste d'Occident, esquelz s'exercent plusieurs traffiques de marchandise. Et chacū d'iceulx à son Roy, & forme de parler particuliere: mais ie n'ay pas determiné d'en parler plus amplement, par ce qu'ilz sont situez en l'Inde maieur, laquelle ie n'ay intētion de descrire, sinō en toucher quelque chose en passant, & pour le regard des portz de mer d'icelle ou i'ay passé.

FF

DES INDES ORIENTALES

Des deux isles esquelles les hommes & les femmes viuent a part & separément.
Chap. XXXVII.

Isles des hommes seulz.
Isle feminine.

Vltre le royaume de Resmacoram, tirant en pleine mer vers Midy enuiron deux cens lieuës, se descouurét deux isles voysines l'vne de l'autre, a distance seulement de dix lieuës. En l'vne desquelles habitent les hómes sans aucunes femmes, pour ceste cause est appellée l'isle Virile ou Masculine. En l'autre resident les femmes sans aucuns hommes, au moyen dequoy est aussi appellée l'isle Feminine: & sont Chrestiens obseruans le sacremét de mariage: toutesfois les femmes n'entrent iamais en l'isle des hommes, mais les hommes vont visiter leurs femmes & demeurét auec elles en leur isle par trois moys entiers & continuelz se retirans chacun auec sa femme & en sa maison particuliere: apres lesquelz trois moys passez les hómes retournent en leur isle ou ilz resident le surplus de l'année. Or les femmes qui conçoyuent retiennent auec elles les enfans masles iusques a l'aage de quatorze ans, apres lequel aduenu, elles les enuoyent vers leurs peres. Les femmes n'ont autre soing & charge que de nourrir & entretenir les enfans, & recueillir quelques fruictz qui prouiennent naturellement en leur isle. Mais les hommes trauaillent & ont le soing de dóner ordre pour les alimés & nourriture de leurs femmes

& enfans. Ilz s'adonnent aux pescheries & prennent grande quantité de poisson, lequel soit fraiz, ou frit & desseiché, ilz vendent aux marchans & en retirét grád proffit & emolument: ilz viuent de laictages, chairs, poisson & riz. La coste de ceste mer est abondante en balaines & autres grandz poissons. Les hommes ne recongnoissent aucũ Roy ne superieur, sinon leur euesque qui est subiect & dependant de l'archeuesché de Scoira.

Archeuesché de Scoira.

De l'isle de Scoira. Chap. XXXVIII.

Passant oultre vers Midy par autres deux cés lieuës ou enuiron se presente vne autre isle, nómée Scoira: les habitans de laquelle sont Chrestiens, & ont vn archeuesq̃. En ceste isle s'exercent plusieurs traffiques & negociations, car elle est abondante de soyes & poissons, mesmement les pirates & coursaires de mer y apportent grande quantité de marchandises qu'ilz ont pillées & rauies pour les y vendre. Or les habitans sachans certainement lesdictes marchandises auoir esté ostées & rauies aux Sarrazins & idolatres & non aux Chrestiens ne font difficulté ne scrupule de les achepter. Entre les Chrestiens se treuuent en ceste isle plusieurs enchanteurs magiciens, lesquelz peuuent selon leur vouloir & plaisir faire aller ou retourner vn nauire en pleine mer ou bon leur semble. Encores que le nauire ayt bon vent en pouppe ilz font par leur art diabolique esmou-

Scoira.

Incantatiõs de nauires.

FF ij

DES INDES ORIENTALES

uoir & s'esleuer vn vent contraire qui malgré les pilotes fera retourner le nauire.

De la grande isle de Madaigascar. Chap. XXXIX.

A L'issue de l'isle de Scoira tirans vers Midy par trois cens cinquáte lieuës, on vient en l'isle de Madaigascar, qui est reputée & nombrée entre les plus grandes & plus opulétes isles du monde: car on dict qu'elle cótient de tour & circuit enuiron quinze cens lieuës. Les habitans d'icelle sont Mahumetistes, & n'ont aucun Roy particulier: mais y à quatre anciens magistratz qui gouuernent & cómandent sur toute l'isle. En icelle se trouue tant d'elephás qu'on n'estime contrée du monde en produire d'auátage, au moyen dequoy s'y faict grande traffique de marchandise d'yuoire, comme semblablement en vne autre isle voysine appellée Cuzibet. Et par le iugemét des marchás ne se retire pas du reste du monde si gráde quantité de dentz d'elephans (qui est le vray yuoire) que lon en trouue en ces deux isles. Les habitás ne mangent point d'autre chair que de chameau, par ce qu'ilz estiment qu'elle leur est pl' saine & de meilleur appetit, ioinct qu'en ceste isle y à des chameaux sans nóbre. oultre y à plusieurs forestz de sandaulx rouges qui sont cause d'y attraire plusieurs marchás & y faire de grádes traffiques. Et au regard de la mer adiacente on y prend plusieurs grádes balaines, desquelles on

Isle gouuernée par magistratz.

Yuoire en abondáce

retire l'ambre precieux. Oultre y à dedans l'isle grāt nōbre de lyōs, leopardz, cerfz, dains, cheureux, & plusieurs autres sortes de bestes & oyseaux propres pour la chasse & le vol: mesmes on y trouue plusieurs especes d'oyseaux qui sont incongneuz es pays de par deça. De toutes partz les marchandz affluent & s'assemblent en ceste isle, par ce que le nauigage y est facile, & le flot de la mer y ayde grandemēt, en sorte que de la prouince de Maabar en moins de vingt iours on vient en l'isle de Madaigascar, moyennant l'ayde du flot de la mer qui les cōduict: mais il est difficile d'en retourner obstant l'empeschement des vagues cōtraires qu'a peine on peult surmonter en trois moys, car ceste mer tire & flue de grāde īpetuositévers le Midy.

D'vn grand oyseau, appellé Ruc.
Chap. XL.

IL y à encores quelques autres isles oultre Madaigascar sur la coste de Midy, mais il est difficile d'y aller pour le cours de la mer qui en cest endroict est fort roide & impetueux. En icelles par certaines saisōs de l'an se descouure vne merueilleuse espece d'oyseau qu'ilz appellent Ruc, qui retire au pourtraict & semblance de l'aigle, mais il est trop plus grand sans comparaison. Ceulx qui ont veu cest oyseau dient qu'ilz ont en leurs aisles plusieurs plumes, qui contiennent

FF iij

DES INDES ORIENTALES

oyseau appellé Ruc.

de longueur six toises, ayás la grosseur & espesseur selon la proportion de telle longueur, & consequemment le corps correspódát a ceste proportion de plumage. Oultre que l'oyseau est de telle force & puissance que seul sans aucun ayde prend & arreste vn elephant, lequel il esleue en l'air puis le laisse tumber en terre, affin que l'ayát froissé & desrompu de la cheutte il se puisse en apres repaistre de sa chair. Quant a moy Marc Paule du premier que i'entendis telz propos de cest oyseau, i'estimay que ce fust vn griffon qu'on dict estre le seul entre les bestes a quatre piedz qui porte aisles & plumes, & qui de toutes pars est semblable au lyon, fors qu'il à la teste semblable a l'aigle: mais ceulx qui auoiét veu cest oyseau m'affermerent asseurémét qu'il ne rapportoit en riés aux autres bestes, mais auoit seulement deux piedz cóme les autres oyseaux. De mon téps le grand Chá Cublai auoit en sa court vn courrier qui en ces isles auoit esté detenu par long téps, & iusques a ce qu'on eust payé sa ráçon, lequel estant de retour, recita plusieurs choses esmerueillables de l'estat & condition de ces regions, & des diuerses especes d'animaulx qu'on y trouue.

De l'isle de Zanzibar.　　Chap. XLI.

Emblablement se trouue en ceste region vne autre isle appellée Zanzibar, qui cótient de circuyt de sept a huict cens lieuës: les habitans de laquelle ont vn Roy, & lágaige propre & par-

LIVRE TROISIESME. 116

ticulier, & sont idolatres. Ce sont gens de grosse corpulence, mais de petite stature, laquelle si elle correspondoit a la grosseur, ce seroient geantz: Ilz sont si fortz & robustes, que l'vn d'entre eulx portera plus gros fardeau, que autres quatre hômes de nostre païs: aussi l'vn d'eulx mangera autant que cinq hommes. Ilz sont noirs & cheminent tous nudz, ayans seulement les parties hôteuses couuertes & cachées: leurs cheueulx sont si espez & crespeluz, qu'a grand peine se peuuent estendre, qui ne les laue ou trempe dedás l'eau: Ilz ont la bouche fort gráde, & les nareaux ouuers & esleuez contremont. Semblablemét ont les aureilles grandes, & les yeulx espouentables: mesmemét les femmes sont laides & difformes, a cause qu'elles ont les yeulx sortans de la teste, la bouche grande, & les narines grosses & larges. Ilz viuét de laictages, chairs, riz & dactiles. Ilz n'ont aucũ vin, mais ilz font certaine boiture auec du riz, sucre & autres espiceries, qui se trouue fort bonne & aggreable. Gránd nombre de marchans y aborde, a cause des traffiques d'ambre & d'yuoire: car on y trouue infiniz elephans, & dans la mer voisine grande quantité de baleines. Les hommes du pays sont fortz & belliqueux: & cóbien qu'iz n'ayent aucuns cheuaulx, toutesfois ilz marchent en bataille auec leurs elephans & chameaux: & chargent les elephás de certains chastelletz de boys, de telle grádeur, qu'en chacun d'iceulx peuuent aisement réger & combatre quinze ou vingt hommes armez: Ilz bataillent ordinairement auec iauelotz, glaiues & pier-

Hommes fors & robustes.

Femmes laydes & difformes.

DES INDES ORIENTALES

res: & font leurs chastelletz faictz & foncez d'ays de boys. Et quand ilz veulent partir pour dôner bataille, ilz font boire aux elephans certain breuuage, dont eulx mesmes vsent en lieu de vin, affin de les rendre plus promptz & hardiz. En ceste Isle y a grande quátité de lyons, leopardz & diuerses autres bestes sauuages, qui ne se trouuent es autres pays. D'auantage y a vne certaine espece de beste qu'ilz appellét Graffe, ou Giraffe, qui à le col fort long, comme de toyse & demye, de laquelle les iambes de deuant son beaucoup plus longues, que celles de derriere. Elle à petite teste, & de diuerses couleurs, assauoir blanc & rouge, & infinies petites taches comme roses, disperses par tout le corps. Ceste beste est fort doulce & priuée, ne faisant mal ne desplaisir a aucun.

Giraffes.

Du nombre infiny des isles de l'Inde.
Chapitre XLII.

Vltre les isles dessusdictz y en à encores plusieurs autres es parties d'Inde, & toutesfois subiectes & dependentes des principales que i'ay cy dessus descriptes, le nôbre desquelles est presque infiny, & ne peult estre certainement asigné: encores que les nautonniers & pilotes qui ont long temps vogué & frequenté la mer dient, qu'il y en a douze mil sept cens en nôbre certain, en comptant les habitées & non habitées.

12700 isles.

De la

De la prouince d'Abasie. Chap. XLIII.

IVsques a present nous auõs descript sommairement, & comme en passant les isles & regions de l'vne & l'autre Inde, assauoir la maieur & mineur. La maieur commence des la prouince de Maabar, & finist au royaume de Rescomoran. La mineur commence au royaume de Ciamba, & se cõtinue iusques au royaume de Mursil, qui sont les extremitez d'icelles. Or maintenant nous toucherons aucunemét celle Inde qui est moyétoienne & entre les deux, laquelle s'appelle Abasie, qui est vn pays de grande & spacieuse estédue: car elle est diuisée en sept prouinces & royaumes, en chacũ desquelz y a Roy particulier: desquelz y en à quatre qui sont Chrestiens, les autres trois sont Sarrazins Mahumetistes. Les Chrestiens portent au mylieu du front vne croix d'or: ausi des leur baptesme le charactere de la croix leur est imprimé sur le frõt. Mais les Sarrazins ont vn autre signe imprimé, qui commence des le front, iusques a la moytié du nez. Entre eulx se trouue aussi grãd nõbre de Iuifz, lesquelz sont autremét marqz: car ilz portét certain signe en leurs ioues, qui leur est imprimé auec vn fer chauld. A ceste regiõ est ioignáte & cõtigue la prouince appellée Aden, en laquelle le benoist S. Thomas prescha la foy de Iesus Christ (cõme lon dit) & y conuertit plusieurs personnes a la foy: & depuis passant oultre vint au royaume de Maabar, ou il souffrit martyre pour Iesuschrist.

Diuision des deux Indes.

Chrestiẽs, Sarrazĩs & Iuifz marquez.

Aden.

GG

DES INDES ORIENTALES

Histoire d'vn Euesque Chrestien que le Souldan fist par force & violence circoncire.
Chap. XLIIII.

EN l'an de nostre redéption mil deux cens septante huict l'vn des principaulx roys de la prouince d'Abasie, eut deuotion de visiter en personne les sainctz lieux de Hierusalem, mesmemét le sainct Sepulchre de Iesus christ: & se deliberant d'en faire le voyage, en communiqua a ses conseillers & officiers de sa court, lesquelz a leur pouoir le destournét, & dissuadent d'entreprédre le chemin, luy remonstrans les perilz & dangers ausquelz il se submettoit: mesmémét qu'il luy cóuien droit passer par plusieurs contrées, & prouinces des Sarrazins, qui luy pourroient nuyre & faire desplaisir: mais luy conseillerent d'y enuoyer en son lieu quelque notable Euesque, qui feroit le voyage de la terre saincte, & porteroit en Hierusalem les presens & oblations du Roy. Ce conseil fut trouué bon par le Roy, lequel suyuant leur aduis bailla incontinent ceste charge a vn Euesque, qu'il fist despescher & partir auec ses oblations. Or cest Euesque tenant le droict chemin pour l'execution de son voyage vint en la prouince d'Aden, qui est habitée par Sarrazins mahumetistes, lesquelz haïssent mortellemét les Chrestiés: il est par eulx prins, & arresté, & amené deuers leur Souldan: lequel apres auoir entendu qu'il estoit seulement messager du Roy d'Abasie, & par luy enuoyé en la terre saincte, s'efforça l'induire & cõtraindre par menasses, & intimidations de renoncer a la foy Chrestienne, & prendre celle de Mahumet. Lors l'Euesque perseuerãt en la foy de Christ, auec vne fermeté & cõstance asseurée respondit mieulx aymer souffrir la mort, que de laisser la foy Chrestiéne pour ensuyuir la profession de Mahumet. Alors le Souldan irrité, cõmanda que promptement l'Euesque fust circõcis, en despit de son Christ, & du Roy d'Abasie. Et apres l'auoir ainsi faict ignominieusement circoncire, le renuoya vers son Roy sãs paracheuer le voyage. Le Roy d'Abasie apres auoir cõgneu l'iniure & oultrage faict a son messager, fut grandement esmeu & affectionné de prendre vengeance, & mesmes de l'iniure & scandale faict contre l'honneur de Iesus Christ. A ceste cause faict incontinent grand amas de gens de guerre, tant de pied que de cheual, ensemble equipper ses elephans auec leurs chasteaux: en sorte qu'en peu de temps il dressa vne grosse armée, qu'il fist marcher cõtre le Roy d'Aden. Or le Souldan de ce aduerty, ayãt assemblé ses forces, & ioinct auec luy deux autres Roys, se delibera venir au deuant & faire visage au Roy d'Abasie: tellement que les deux armées se rencõtrerent en vne belle campaigne, ou ilz commencerent vne cruelle bataille, en laquelle grand nombre de gés de la part du Souldan furent tuez, renuersez & mis en routte, & demoura le roy d'Abasie victorieux. Lequel non content de ceste victoire fist marcher son armée

Euesque par force circoncis.

victoire du Roy d'Abasie

GG ij

plus auant dedans le pays d'Aden, qu'il commença à gaster & ruiner, faisant mettre a mort & passer au fil de l'espée, tous les Sarrazins qu'ilz rencontroient: lesquelz se rassembloient quelques fois par trouppes & bandes s'efforçans resister & faire teste au Roy d'Abasie, mais c'estoit en vain, car soudainement ilz estoient rompuz & deffaictz: en sorte que le Roy d'Abasie fut par vn moys entier dedans le royaume d'Aden y faisant plusieurs degastz & dommages, & finablement auec grand honneur & louange se retira victorieux en son pays, estant fort ayse d'auoir vengé l'iniure du desloyal Souldan.

Des diuerses bestes qu'on trouue en la prouince d'Abasie. Chap. XLV.

Es habitás d'Abasie viuent de chairs, laictages & riz, & vsent de certain huille faict de sesime. En la prouince y a grand nombre de bonnes villes & bourgades, esquelles on faict de grandes traffiques de marchandise. On y trouue de fort bon bouchiran, & grande abōdance de draps de soye. Les Abasiés ont grande quátité d'elephás, encores qu'ilz ne prouiennent en leurs pays, mais y sont amenez des autres regiós, & isles circonuoisines. Oultre y a grand nombre de giraffes bestes estranges, cy dessus mentionnées, ensemble de lyons, leopardz, asnes sauuages, & infiniz oyseaux de diuerses especes, & dont on ne trouue point ailleurs de semblables. D'auantage y a des poulles d'estrange grandeur, ensemble des austruches grandes comme asnes, & plusieurs autres sortes de bestes & oyseaux, tant pour la chasse, que pour la vollerie. Oultre y a d'excellens perroquetz & papegays, & des chatz de plusieurs & diuerses especes, mesmement y en a qui ont la teste aucunemét ressemblant a la face humaine.

Poulles & austruches fort grandes.

Chatz ayans face humaine.

De la prouince d'Aden. Chap. XLVI.

CEste prouince est regie & gouuernée par vn Roy particulier, qu'ilz appellét Souldan, les subiectz duquel sont Sarrazins, qui merueilleusemét ont en grãde hayne & horreur les Chrestiens, cõme cy dessus auons touché. En ceste region y a plusieurs villes & chasteaux: mesmes y a vn bon port, auquel arriue grande quantité de nauires, chargées d'espiceries venás des Indes: au moyen de quoy les marchans d'Alexandrie y frequentent fort, & y viennent souuent pour traffiquer & achepter leurs drogues & espiceries, lesquelles ilz fõt charger en petitz basteaux qu'ilz font descendre le long d'vn certain fleuue par sept iournées, puis auec des chameaux les font apporter par terre par tréte iournées, iusques au fleuue du Nil, qui descend en Egypte, sur lequel ilz les font derechef charger en nauires, qui les conduisent & amenent en Alexandrie: & n'y a point de chemin plus

Chemin d'Adé en Alexandrie.

GG iij

DES INDES ORIENTALES

brief ne meilleure adreſſe pour aller d'Alexandrie es parties orientales. Or ces marchans qui veulent aller aux Indes en marchandiſe, menét ordinairemét auec eulx pluſieurs cheuaulx: mais ce Roy d'Aden reçoit d'eulx grádz tributz & exactions, qui eſt cauſe de l'en richir ſi fort. Quand le Souldan de Babylone tenoit la ville d'Acre aſsiegée pour la reduire en ſa puiſſance, aſçauoir en l'an mil deux cens, ce Souldan d'Aden luy enuoya ſecours de trente mil hommes de cheual & quarante mil chameaux, non pas pour l'affection qu'il euſt de fauoriſer le Souldan de Babylone & luy augmenter ſes forces pour le rendre plus grand & puiſſant, mais pour le deſir qu'il auoit de ſupprimer & exterminer tous les Chreſtiens. Du port d'Aden tirant vers Septentrion, a diſtance de douze ou quinze

Eſcier. lieuës eſt ſituée la ville d'Eſcier, de laquelle dependét pluſieurs autres villes & chaſteaux, leſquelles touteſ-fois ſont toutes ſoubz la ſeigneurie & puiſſance du Roy d'Aden. Encores pres de ceſte ville y à fort bon haure par lequel on tráſporte infiniz cheuaulx es In-

Encens blanc. des. En ceſte region croiſt grande quantité d'encens blanc fort bon & ſingulier, lequel diſtille de certains petitz arbres qui ſont ſemblables aux ſapins. Les habi tans ſont pluſieurs pertuis & inciſions dedás les eſcor ces de ees arbres, affin d'en retirer l'encés en plus grá-de abondance, encores que la grande chaleur qui eſt au pays attraye la liqueur des arbres en aſſez grande quátité. Semblablement en ce pays y à des palmes qui portent les dactiles, mais la terre n'y produict aucun

LIVRE TROISIESME. 120

bled autre que du riz, toutesfois on y transporte du froment d'ailleurs. Il y à grande abondance de bons poissons, mesmement de Tonnine laquelle y est fort bonne. Ilz n'ont point de vin, mais ilz font leurs boytures de dactiles, riz & sucres. Les moutons qui se trouuent au pays sont petitz & n'ont aucunes aureilles, mais au lieu d'icelles ont de petites cornes. Les cheuaulx, beufz, chameaux & brebis ne viuét que de poissons, & ne sont repeuz d'autre chose par chacū iour: car la terre a cause des chaleurs extremes, est si seiche qu'elle ne produist aucune herbe, bled ne froment. Or leur grande pesche se faict en trois moys de l'an, asçauoir Mars, Apuril & May, esquelz on préd si gráde quantité de poisson qu'il est impossible de l'exprimer: lequel poisson ilz font desseicher au soleil, & le gardent pour leur prouision de toute l'année, en sorte qu'ilz en baillent a leurs bestes en lieu de fourraiges: aussi le bestail se repaist plus voluntiers de poissons secz que de recens & fraiz. Oultre les habitans font du pain biscuit auec des poissons en ceste maniere: Ilz diuisent leurs poissons secz en petites pieces, puis les pilent & broyent menu comme farine: en apres les destrempent & paistrissent longuement en forme de paste broyée: laqlle puis apres reduicte en pains ilz font desseicher au soleil, & en viuent toute l'année eulx & leur bestail.

Moutons sans aureilles.

Bestail viuant de poissons au lieu de fourrages.

Poissons seichez au soleil.

Pain biscuit faict de poissons secz.

DES INDES ORIENTALES
D'vne contrée en laquelle habitent Tartares.
Chapitre XLVII.

Retour es parties septentrionales.

VSques icy i'ay traicté des regions de l'Inde Orientale, declinant fur la cofte de Midy: maintenant ie veulx defcripre aucunes autres, qui font fituées es parties Septétrionales, lefq̃lles i'auois obmifes a toucher cy deffus au premier liure, & ce que i'en ay defcouuert, recongneu & appris, icy apres fommairement le declaireray. Or en ces dernieres parties de Septentrion habitent plufieurs Tartares, le Roy defquelz eft de la lignée & race du grand Empereur de Tartarie: & obferuent curieufement les meurs & couftumes des autres Tartares. Ilz font tous idolatres, & adorét vn dieu

Natagai, dieu des Tartares.

qu'ilz appellent Natagai, lequel ilz eftiment eftre gouuerneur, & auoir la feigneurie de toute la terre, & de tout ce qu'elle produict. Auffi ce mot Natagai fignifie en leur langaige, dieu de la terre. En l'honneur de ce dieu ilz font plufieurs images & figures. Les habitans ne demeurent point en villes ou bourgades, mais fe retirent es mõtaignes & lieux champeftres du pays, & font en grand nombre. Ilz n'ont aucuns bledz, mais viuent de laictages & chairs. Ce font gens qui viuent paifiblement & en bon accord entre eulx, obeiffans d'vne egalle affectiõ à leur Roy. Ilz ont des cheuaulx, chameaux, beufz, brebis & autre beftail en nombre quafi infiny. Oultre fe trouue au pays de fort grandz

ours,

LIVRE TROISIESME. 121

ours, & des regnardz singuliers: ensemble y a des asnes sauuages en grand nombre. Entre les petites bestiolles y en a certaine espece excellente, & desquelles la peau est fort exquise: ce sont martres zebelines: encores y a infinies bestes sauuages, de la venaison desquelles ilz viuent en partie.

D'vne autre contrée qui est de difficile acces, a cause des fanges & de la glace. Chap. XLVIII.

Vltre y a d'autres regiōs en ceste coste Septentrionale, qui tendent plus auant sur le Nord, que la premiere. L'vne desquelles est fort mōtueuse, & le pays bossu, ou se trouuēt diuerses sortes d'animaulx, comme rhondes, hermelines, ceruiers, regnardz noirs & autres, dōt les habitans retirent grāde quantité de peaulx riches & exquises pour faire fourrures & paremens, qui sont trāsportées par les marchās iusques en noz quartiers. Et au regard des cheuaulx, beufz, asnes, chameaux & autres bestes de grosse corpulēce, ilz ne peuuent estre menez ne conduictz en ce pays tāt il est marescageux & plein de bourbes & fondrieres, si ce n'estoit au tēps d'hyuer, que les chemīs sont endurciz par la rigueur du froid & de la glace. Es autres temps encores qu'il y ayt de la glace, & qu'il face grand froid, toutesfois la glace ne porte pas, & n'est point si ferme ne asseurée, que les cheuaulx chargez & chariotz y puissent com-

Fourrures exquises.

HH

DES INDES ORIENTALES

modément passer: mais au contraire les hommes de pied a grāde difficulté en peuuent sortir & passer oultre, tant la terre y est embreuuée & enfondrée d'eaues des estangs & marestz. Ceste region à d'estendue deuers le Septentrion treize iournées, ou lon trouue grāde abondance des bestes dessusdictes qui portent ces belles & precieuses peaulx, par le moyen & traffique desquelles les habitans retirent grād gaing & profit: car cela y attraict les marchans de toutes partz, pour les achepter & transporter en grande quantité. Mais la maniere d'introduire & mener les marchans dedās ce pays est fort estrange. Ilz ont des chiens qui sont presque aussi grandz qu'asnes, qui sont duictz & accoustumez a tirer la charrette. Or leurs chariotz n'ont aucunes roues, mais sont faictz de grādz aiz larges & plains, & peuuent seulemēt contenir deux hōmes, lesquelz aiz sont liez & attachez ensemble affin que leur largeur empesche que facilement ilz ne puissent enfondrer dedans les fanges & marestz. Doncq quand quelque marchád arriue, on le faict asseoir sur le chariot, auquel apres on attache six chiēs par ordre affin de tirer le chariot, lesquelz le cōduisent la part ou ilz sont guidez par le chartier qui semblablement est assis sur le chariot auec le marchand: ainsi tirent ce chariot ou traisneau par tout, soit dans les fanges, les marestz, ou dedans l'eaue a gué. Toutesfois les chiens ne peuuent soustenir si grand trauail plus d'vn iour, car le lēdemain il en fault prēdre d'autres tous fraiz pour tirer le chariot: pour ceste cause en chacun villaige

Chiens seruans a tirer charettes.

Traisneaux au lieu de charettes.

(dont y en à au pays grád nombre de proche en proche) on nourrist des chiens destinez & vsitez a cest office: & par ce moyen vn marchand peult facilement entrer auant dedans le pays: mais on ne charge pas beaucoup ces traisneaux, car les chiens ne pourroiét pas tirer de ces lieux plus grand fardeau que le marchát, le chartier, & quelque balle de peaux: a ceste cause il fault que chacun iour vn marchand change de chiés, de chariot & chartier, iusques a ce qu'il paruienne aux montaignes ou se faict la traffique des peaulx.

De la region tenebreuse.   Chap. XLIX.

IL y à encores vne autre contrée, qui tire bien plus auát & interieuremét dedans le Septentrion, & laquelle a mon iugement est la derniere contrée habitée vers le Nort, & l'appellét le pays d'obscurité, par ce q̃ la plus grand partie de l'année le soleil n'y luist, & ne si apparoist aucunement: & lors les tenebres y sont seulemét de nuict, mais de plein iour: l'air y est tenebreux cõme lõ voit par deça entre chié & loup. Les habitás du pays sont beaux hõmes grádz & corpulétz, mais fort palles. Ilz n'ont aucun Roy ou seigneur, auq̃l ilz prestét obeissance, mais viuét comme bestes, faisans tout ce qui leur vient a plaisir, n'ayans aucun soing ne obseruation de ciuilité ou hõnesteté. Or les Tartares qui sont leurs voysins souuétes fois vont faire des courses

Gẽs viuãs bestialement.

DES INDES ORIENTALES.

& rauages dedans ce pays tenebreux, rauissent & emmenent leur bestail & tout ce qu'ilz trouuent, & leur font plusieurs autres fascheries & dommages: & pource qu'en ce faisant la nuict souuent les surpréd & sont en danger de n'en pouuoir facilemét sortir, ilz vsent de ceste cautelle. Quand les Tartares ont deliberé entrer dedás le pays pour emmener leur proye, ilz prénent des iumentz qui ont des poullains, & laissent les poullains a l'entrée du pays, soubz la charge & garde de quelques vns de leur compaignie, affin d'attendre leur retour: puis eulx ayans faict leurs courses & rauages, si la nuict les surpréd, les iumentz qui obseruent songneusemét les chemins pour retourner vers leurs poullains, ne faillent aucunement a les y conduyre sans aucun peril ne danger. Aussi ilz leurs laschent la bride sur le col, & les laissent librement aller ou l'affection les mene, & lors l'instinct naturel les conduict droictement au lieu ou elles ont laissé leurs poullains: ainsi elles rendent leurs hommes qui les cheuauchent au lieu ou eulx mesmes n'eussent sceu retourner a cause des grandes tenebres & obscurité. Les habitás du pays ont semblablement diuerses bestes desquelles ilz retirent les peaux qui sont cheres & precieuses, qu'ilz trásportent en autres regions, dont ilz tirent grand proffit & emolument.

Ruse pour sortir d'vn pays tenebreux

LIVRE TROISIESME. 123
De la prouince des Rucheniens.
Chapitre L.

Es Rucheniens habitent vne grande prouince, qui s'estend presque iusques au pol artique, & sont Chrestiens, obseruás les reigles & ceremonies des Grecz en leurs seruices ecclesiastiques. Ce sont belles gens & blancz, ayans communement tát les hommes que les femmes les cheueulx iaulnes. Ilz sont subiectz & tributaires au Roy des Tartares, auquel sur la coste d'Orient ilz sont voisins & limitrophes. Ilz ont en leur pays grande quátité de ces peaulx & fourrures tát exquises. Oultre ont des mynieres d'argent, mais l'aïr y est merueilleusement froid, car le pays est ioignant & contigu a la mer gelée. Toutesfois en la mer susdicte y a quelques isles, esquelles on trouue grande quantité de faulcons & gerfaulx, qui de la sont transportez en diuerses contrées & regions.

FIN DV TROISIESME
Liure.

HH iij

ADVERTISSEMENT
au Lecteur.

IE ne me puis persuader (amy lecteur) que M. Paule (qui si curieusement a descript ce que dessus) se soit aresté en si beau chemin, sans passer oultre a continuer le surplus : qui me faict a croire que son œuure est demeuré imparfaict, comme ie te laisse a coniecturer : mesmement en ce dernier traicté, chap. 47. il demonstre auoir affection de descripre les parties Septentrionales, qui sont voysines des Tartares, lesquelles il auoit cy deuant obmises au premier liure, auquel il ne touche rien des regions & prouinces, que tant son pere Nicolas Paule en son premier voyage & retour, que luy au secõd, ont passées & trauersees, depuis Armenie iusques a Clemensu, ville royalle de la prouince de Cathay, sinon qu'il dict que leur chemin fut grandement retardé, à cause des neiges & grãdes inõdations d'eaues, ce qui est facile a croire que ce fut en passant les regions Septentrionales. Mais pour le present ie n'en trouue autre chose de luy, que ie te puisse communiquer. Toutesfois si tu as affection de cõgnoistre ces regions Septẽtrionales, tu en trouueras a suffire pour rassasier ton esprit en la grãde Cosmographie de Mũsterus, & particulierement au liure de Mathias Amichou, docteur en Medicine, & chanoine de Cracouie, lequel i'ay deliberé de brief te rendre Francois, auec le voyage de Loys Vartoman, que ie tiens prest pour seconder le present autheur, attẽdant toutesfois de quelle grace & faueur il sera par toy receu. Ce pendant auras fruition de mon labeur, s'il t'est agreable.

www.ingramcontent.com/pod-product-compliance
Lightning Source LLC
Chambersburg PA
CBHW050349170426
43200CB00009BA/1791